Souscription.

MADAME,

DUCHESSE DE BERRY,

Un fort vol. in-8°, papier fin satiné, couverture imprimée, orné d'un beau portrait de Madame, gravé sur acier.

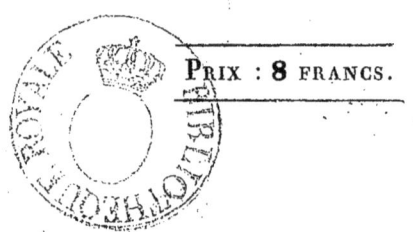

Prix : 8 francs.

Cet ouvrage historique, rédigé sur des notes et documens précieux et pleins de vérité, présentera au lecteur le plus grand intérêt. Toutes les particularités relatives à la Princesse et à Henri V, son royal enfant, recueillies avec soin, y seront renfermées et développées. Pour plus de lucidité, les matières seront divisées par chapitres, et traitées selon leur ordre chronologique.

On pourra, en consultant ce livre, se former une idée juste des personnes et des choses ; les événemens y sont rapportés avec la vérité de l'histoire.

MADAME, DUCHESSE DE BERRY, y est prise dès le royal berceau, et conduite graduellement, en s'arrêtant sur chacune des circonstances de sa vie, jusqu'au moment où elle paraît en Vendée pour soutenir les droits de son fils ; tout ce qui a trait à cette guerre y est narré avec une scrupuleuse exactitude, et enrichi de faits particuliers et inédits.

Enfin, l'auteur n'a rien négligé pour donner à sa composition cette correction de style, cette rapidité de mouvement, cette vie, qui impriment sur l'âme de ses lecteurs ce cachet d'intérêt propre à en assurer le succès.

Chez l'éditeur, Cloître Saint-Benoît, n° 15.

PARIS. Imp. de Mme Ve THUAU, rue du Cloître Saint-Benoît, 4.

MADAME,

DUCHESSE DE BERRI.

IMPRIMERIE DE Ve TRUAU,
Rue du Cloître-St.-Benoit, n° 4.

1832.

MADAME,

DUCHESSE DE BERRI.

PAR

L. G. MAGNANT.

Et quel est le tyran dont la rage insensée
Veut commander à l'âme et punir la pensée;
Qui singe en un palais la personne d'un roi,
Régit par ordonnance, au mépris de la loi,
Transforme en des complots nos soupirs légitimes,
La prière en révolte, et les larmes en crimes?....

Paris,

DENTU, LIBRAIRE,
PALAIS-ROYAL, GALERIE D'ORLÉANS, N° 13.

GABRIEL WARÉE, LIBRAIRE,
QUAI VOLTAIRE, N° 21.

1832.

LECTEUR,

Si vos sympathies vous élèvent vers les idées grandes, si les sentimens nobles exercent sur votre âme une douce et efficace influence, mon livre, ou plutôt le sujet qu'il traite, quelle que soit votre foi politique, ne peut manquer de vous inspirer, si j'en juge par mes sens, ce puissant intérêt que des cœurs généreux éprouvent toujours pour les illustres infortunes, pour les actions héroïques.

MADAME, duchesse de Berri, tel est le titre de mon ouvrage : il vous semblera peut-être hardi pour les prémices d'un écrivain néophyte.

Que voulez-vous, cher lecteur? Tant de souvenirs palpitans de vertu, d'héroïsme et de gloire se rattachent à ce nom désormais voué à l'admiration, que je n'ai pu résister au desir de les consacrer par la publicité!

Mon but principal a été de révéler au public des faits que l'esprit de parti a eu le soin ou de pervertir ou de dérober à sa connaissance, et de défendre, à l'aide de preuves irrécusables, l'illustre princesse qu'on a si lâchement calomniée, contre l'accusation de chercher à attirer sur cette France, qu'elle aime tant, et les fléaux de la guerre civile et les baïonnettes des puissances étrangères.

J'ai recueilli des pièces et documens

précieux qui prouvent combien l'amour sacré de la patrie a d'empire sur cette belle âme, et avec quel soin elle a fait germer les semences de ce noble sentiment dans le cœur de son royal enfant.

Si quelques faits de la vie anecdotique de Madame, de l'exilée d'Holy-Rood, se retrouvent dans mon livre, c'est qu'ils étaient consignés dans mes notes, et que j'ai d'autant moins cru devoir les supprimer que non-seulement leur exactitude m'était démontrée, mais encore qu'ils offraient un vif intérêt, et qu'ils étaient nécessaires à l'intelligence de l'ensemble de l'ouvrage.

Tout ce que je dis est de l'histoire ; mon enthousiasme pour cette femme admirable ne me fera jamais altérer en rien l'exacte vérité, ni dépasser les inspirations de ma conscience et de ma conviction.

J'ai suivi la princesse dans toutes les phases de sa vie ; je l'ai prise dès son royal berceau ; je l'ai étudiée comme fille, comme femme, comme mère ; et toujours je l'ai trouvée bonne, généreuse, compatissante, vertueuse : sous les lambris dorés, dans la cabane du pauvre, au sein de la paix comme au milieu des fidèles qui combattent pour le trône de notre jeune Henri, je la revois incessamment grande, noble, courageuse, héroïque. Ni les fatigues, ni les caprices de la fortune, ni les adversités ne peuvent flétrir son âme de feu; elle affronte tous les périls, elle conjure tous les dangers pour placer sur le front de son fils cette couronne qui lui appartient par droit de légitimité, et que tant d'illustres aïeux avaient su faire respecter du monde entier.

Son grand crime aux yeux de ses ennemis est de lutter contre la quasi-légitimité; car c'est ainsi qu'on a qualifié le trône de juillet, que quelques misérables séides ont prétendu avoir été élevé par le vœu général du peuple. Pitoyable dérision!.... Pour qu'il en soit ainsi, ne faudrait-il pas qu'on eût consulté les masses?

A-t-on agité d'abord la question de savoir quelle forme de gouvernement convenait le mieux à la nation ? Et ensuite a-t-on procédé à une élection en convoquant un congrès national comme en Belgique ? L'histoire vient de décider cette grave question qui déjà n'en est plus une; et tout le monde sait que deux ou trois membres d'un gouvernement provisoire, qui s'est improvisé après avoir conquis le pouvoir, on ne sait trop comment, ni en vertu de quelle autorité légale, aidés de quelques députés sans mandat spécial, ont été les seuls dispensateurs de cette couronne née des barricades.

Le peuple étonné s'est tu. Serait-ce son silence qu'on aurait interprêté et qu'on voudrait considérer comme un assentiment général ?

S'il en était ainsi, les troubles qui ont éclaté dans toutes les parties de la France depuis les trois journées, les émeutes qui se sont succédées à des époques périodiques, et particulièrement les scènes sanglantes des 5 et 6 juin, viendraient donner un démenti formel à cette ridicule prétention, et prouveraient suffisamment que le trône de juillet est loin d'avoir pour lui toutes les sympathies.

Une des conceptions les plus nuisibles à l'honneur et aux intérêts du pays, l'introduction de cette politique bâtarde et avilissante du *juste-milieu*, est encore venue ajouter à toutes les calamités : elle est la conséquence nécessaire et toute naturelle de la faiblesse d'un gouvernement mal assis, qui ne voit d'autre moyen de prolonger son existence éphémère qu'en rampant bassement dans l'ornière des concessions.

Mais si ce système de nécessité a jusqu'ici retardé la chute inévitable du trône de juillet, il n'en est pas moins vrai que la force des choses doit le renverser, parce que ce système est en opposition diamétrale avec l'esprit de la nation, et que l'honneur, qui est le prototype du caractère français, le repousse, le réprouve et le flétrit.

La France, en ayant ouvert aux autres peuples l'initiative des révolutions et de la violation du principe sacré de la légitimité monarchique, s'est mise en quelque sorte en état d'hostilité contre les souverains ; aussi s'attendait-elle à une guerre générale. Qu'a fait le gouvernement pour l'éviter? Il a refusé la réunion offerte de la Belgique à son territoire, et a préféré qu'un prince délégué et prête-nom de l'Angleterre vînt en prendre possession ; il a laissé massacrer les braves Polonais par les Russes ; il a effectué la honteuse retraite d'Ancône ; enfin, il a consenti à tous les genres d'humiliation pour se maintenir et empêcher que les armes décidassent du sort de la couronne des barricades. Mais, en livrant la France au mépris des puissances étrangères, il n'a pas senti qu'il détruisait lui-même l'élément de sa propre existence ; car ce peuple de braves ne conservera jamais un gouvernement qui tende à l'avilir.

La conduite des gens qui, avant cette révolution, ont donné une commotion électrique à l'Europe entière, et ont ensuite abandonné à leur malheureux sort les peuples qui ont imité leur exemple, ressemble en quelque sorte à celle d'un agent provocateur qui lance ses victimes dans le chemin du crime, et qui les délaisse en proie à toutes les rigueurs de la justice, lorsqu'elles l'ont eu consommé, dans la crainte d'être accusé d'en avoir été le complice.

Et en effet, ceux qui ont profité de la révolution semblent maintenant la répudier et ne pas se souvenir qu'elle les a faits ce qu'ils sont; ils voudraient pour tout au monde qu'on oubliât l'origine de leur élévation, parce qu'ils sentent qu'elle est fondée sur l'injustice et l'iniquité.

Aussi combien de maux n'ont-ils pas attirés sur la France, ces hommes qui se décorent du titre pompeux de patriotes, et qui ont renversé la légitimité!

Sous le gouvernement des Bourbons nous

goûtions les avantages précieux d'une paix solide et durable ; notre commerce florissait ; la confiance et la sécurité, qui en sont le principal aliment, étaient bien établies ; le peuple était heureux, et notre beau pays était respecté à l'étranger.

Maintenant, au contraire, le gouvernement, méprisé à l'extérieur, est, à l'intérieur, en haine à tous les partis. Les brandons de la guerre civile sont allumés sur les divers points de la France ; des émeutes et des séditions éclatent de toutes parts ; le commerce est totalement anéanti, la confiance détruite, la misère devenue générale ; en un mot, toutes les classes de la société souffrent et sont malheureuses. Tels sont les effets de cette funeste révolution.

Dans des conjonctures aussi pénibles, une femme sublime apparaît inaperçue ; légère comme une sylphide, elle touche le sol français ; les hommes vertueux et fidèles ont seuls le bonheur de la voir, de l'entendre ; comme une ombre vaporeuse, elle échappe à l'œil des espions et des bourreaux; c'est Dieu qui la conduit, c'est Dieu qui la protége; elle vient réclamer l'héritage de son fils; elle se dévoue à la mort pour placer la couronne sur son front!.... Quel crime capital!.... Cependant sa tête est mise à prix, et tous les sicaires du pouvoir sont à sa poursuite..... Rassurez-vous, lecteur sensible, on ne la prendra pas!..... On a banni les Bourbons; on a compris un enfant dans cette proscription!..... Et qu'aurait donc de si effrayant ou de si funeste pour la France le rétablissement, sur le trône, d'une dynastie illustrée par une aussi longue série de rois vertueux qui ont fait son bonheur?

Henri, cet enfant plein d'espoir et d'avenir, dont l'éducation est toute nationale, toute française, ne nous apporterait-il pas des garanties certaines de prospérité? Son jeune cœur formé à l'école du malheur, et qui ne connut jamais la haine, n'est-il pas tout français? Et, sous la régence de son auguste mère, n'aurions-nous pas la conviction qu'il nous gouvernerait avec sagesse, selon nos principes, nos mœurs, et en harmonie parfaite avec les progrès des lumières ?

Oh! oui, sans doute, ce prince intéressant nous apporterait avec vérité, si l'on veut raisonner sainement et sans passion, le meilleur des gouvernemens.

Que si vous ne partagiez pas, cher lecteur, mon sentiment à cet égard, qu'il me soit permis de vous dire que l'amour de la légitimité est un bienfait; il est écrit dans tous les cœurs purs, dans l'Évangile, dans la loi, respecté dans les traditions de temps immémorial; il est la base sur laquelle repose le pivot de l'édifice social. La légitimité a sauvé les peuples des désordres de l'anarchie et de la tourmente des révolutions; nous l'aimons dans nos pères, dans nos enfans, dans notre naissance; nous l'aimons encore dans la transmission de nos propriétés, dans tout ce qui nous entoure.

XVI

Pourquoi ne l'aimerions-nous pas dans nos rois?

En un mot, par quel étrange bouleversement des principes et des choses a-t-on la prétention de métamorphoser en un crime ce qui est une vertu?

On tient à ses souvenirs d'attachement et d'affection, et une révolution de trois jours ne peut pas suffire pour effacer la pensée de plusieurs siècles de gloire et de bonheur.

Du moins, cher lecteur, voilà la foi politique que je m'honore de professer, et pour le soutien de laquelle je me dévoue avec courage à toutes les tortures du martyre! Trop heureux de souffrir, pour une cause aussi sainte et aussi sacrée que celle à laquelle je suis attaché, les persécutions dont il plairait au pouvoir de vouloir bien m'honorer!....

CHAPITRE I.

La vie des grands dévolue à l'histoire. — Intrigues des traîtres et des courtisans. — MADAME, duchesse de Berri, faussement accusée. — Sa jeunesse. — Son arrivée en France. — Son mariage.

La vie des grands a cela de remarquable
qu'elle appartient exclusivement au domaine
de l'histoire : toutes leurs actions sont soumises
à de rigoureuses investigations et jugées avec
sévérité; appelés qu'ils sont, par leur naissance, à gouverner les peuples ou à tenir le
premier rang dans l'état, ils ont sans cesse à
lutter contre cet esprit d'opposition et d'envie
qui s'attache toujours au pouvoir. Il leur fau-

drait donc, sur les autres hommes, une supériorité de connaissances et de vertu qui les déifiât en quelque façon pour échapper à l'amertume de cette censure qui les poursuit avec une sorte de fureur. Les supériorités sociales sont un joug insupportable pour ceux que la fortune n'a pas favorisés, et tel qui serait l'ami sincère d'un roi si ce roi n'était qu'un simple particulier, devient son ennemi par cela seul qu'un sceptre brille en ses mains. Il en est de même, par analogie, de toutes les classes de la société, prises de l'état d'infériorité à celui de supériorité ; s'il existe quelques exceptions, elles sont malheureusement rares et ne se trouvent généralement que chez les personnes douées de hautes lumières et d'une véritable sagesse ; celles-là savent respecter l'autorité, parce qu'elles peuvent apprécier les difficultés qu'il y a de bien gouverner un état ou de bien remplir de hautes fonctions.

Dans les gouvernemens représentatifs constitutionnels, où chaque citoyen a le droit d'exprimer sa pensée sur les actes de l'administration du royaume, il est ordinaire de voir s'établir des polémiques qui, commençant contre les agens subalternes du pouvoir, finissent quelquefois par attaquer les rois ; ce qu'on appelle une faute devient un crime grave, et nous avons vu jusqu'à quel genre d'excès le peuple peut se porter quand le fanatisme des opinions l'entraîne et que quelques meneurs habiles parviennent à lui persuader que ses libertés ou ses droits sont ou vont être compromis.

Mais si les rois, les princes et les hommes du pouvoir ont de nombreux adversaires, par une heureuse compensation ils comptent aussi des amis fidèles, à dévouement sans bornes. Ce n'est pas toutefois parmi ces gens à grandes démonstrations, ces machines à courbettes, à sermens de toute nature, qu'ils doivent les chercher. Ceux qui, avec des semblans de zèle, prennent d'assaut et encombrent les antichambres et les salons dorés, exercent une profession qui leur est spéciale sous tous les gouvernemens, celle de traîtres et de courtisans ; ils exploitent à leur profit ce genre d'industrie et tirent parti de toutes les circonstances ; mais ils ne sont jamais là au jour du danger. On les a vus successivement, apôtres de la révolution, caresser les Robespierre et les Marat; flatter le Directoire, et plats valets de l'empire, offrir leur admiration et leur fidélité à la légitimité, puis se vendre au trône de juillet, disposés encore, selon l'occasion, à protester d'un attachement nouveau.

Les vrais amis des rois ne varient jamais dans leurs affections : fidèles par principe, dévoués par conviction, aucun autre intérêt que celui de la cause qu'ils servent ne peut les dominer; aucune offre ne peut les éblouir, encore moins les séduire; hommes de cœur, animés par l'amour du juste, ils ne connaissent que la route sacrée de l'honneur : tels sont en général les royalistes-légitimistes. Sacrifiant tout ce qui leur est personnel au triomphe de leur opinion, l'unique récompense qu'ils envient est le bonheur de la FRANCE, une couronne pour Henri V, une régence et une admiration générale pour MADAME, duchesse de Berri, dont la conduite sublime a conquis les cœurs susceptibles de nobles impressions.

On jugerait mal les personnes et les choses, si l'on faisait dépendre son opinion des échos du pouvoir, lorsqu'il s'agit de matières politiques. On sait avec quel art on fait d'une action louable, noble, courageuse, une vile intrigue, une basse conspiration ; on sait quels sont les moyens employés par les gouvernemens pour déverser le mépris et le blâme sur tout ce qui est de nature à leur porter ombrage ; aussi l'homme sage doit-il s'abstenir de ces préventions fâcheuses, qu'il n'appartient qu'au vulgaire non éclairé d'adopter trop légèrement.

La vie des rois et des princes rentre, nous l'avons dit, dans le patrimoine de l'histoire ; mais comme les affections, les haines et les passions exercent une influence dangereuse sur le jugement des contemporains, il est reconnu qu'on ne peut guère asseoir d'opinion raisonnable qu'après le règne d'un roi ou la retraite d'un prince, et que même ils ne sont véritablement bien appréciés que lorsqu'ils sont morts.

Cependant il est certains cas où l'observation

de cette règle n'est pas essentiellement rigoureuse ; c'est lorsqu'il y a une sorte de nécessité, dans des circonstances données et pour des cœurs bien placés, à entretenir une nation des bienfaits de ses princes.

Ainsi Madame, duchesse de Berri, femme sublime et admirable, modèle de courage, d'héroïsme et de toutes les vertus, calomniée par le ministère du trône de juillet et ses satellites, doit être défendue par ses actes et par un légitimiste. Quand des préventions répandues à dessein dans le peuple contre cette auguste princesse et sa famille, peuvent exercer une influence dangereuse à sa cause, il appartient alors à un sujet loyal et dévoué d'en combattre les effets, en rappelant tout le bien que fit Son Altesse Royale. A-t-on déjà oublié que loin d'avoir approuvé les fatales ordonnances qui ont renversé la couronne de Charles X, elle a, au contraire, témoigné toute la douleur qu'elles lui inspiraient?

C'est sous le beau ciel de l'Italie, c'est à Palerme, le 5 novembre 1798, que Caroline-Ferdinande-Louise, princesse des Deux-Siciles, aujourd'hui Madame, duchesse de Berri, reçut le jour; elle fut l'unique fruit de la première union de François-Janvier-Joseph, duc de Calabre et prince héréditaire de Naples, depuis décédé roi de Naples sous le nom de François Ier, avec Marie-Amélie, archiduchesse d'Autriche.

Son berceau royal fut entouré d'un crêpe funèbre; trois ans après sa naissance, la mort lui enleva sa vertueuse mère.

Sa jeunesse fut consacrée à la pratique de toutes les vertus. Chérie de son auguste famille et de tous ceux qui avaient le bonheur de l'approcher, sa douceur, son aménité, sa bienfaisance, lui avaient captivé tous les cœurs. Les pauvres de Sicile, qui ne la connaissaient que par les bienfaits qu'elle ne cessait de répandre sur eux, chantaient journellement ses louanges, et adressaient pour elle de ferventes prières à ce Dieu de miséricorde qui devait éprouver son ame forte par tant de malheurs. L'expression de sa physionomie a quelque chose de doux et de mélancolique ; son esprit est vif et très-cultivé ; son cœur est sensible et compatissant.

Louis XVIII, durant son long exil, avait pensé, pour son neveu, Mgr. le duc de Berri, à un mariage, et il avait jeté les yeux sur la famille de Naples.

Il semblait qu'un secret pressentiment eût révélé à l'aimable Caroline l'alliance qu'elle devait former un jour, car toutes les lettres venues de Naples et de Sicile s'accordaient à dire que la princesse était non-seulement Française dans le cœur, mais qu'elle avait encore toutes nos manières, et qu'elle semblait connaître la France comme si elle y eût été élevée.

On en sera moins étonné quand on saura que S. A. R. fut confiée, dès ses plus jeunes années, aux soins de Mme la comtesse de Latour. Cette dame, née d'Hélymer, d'une très-ancienne maison de Lorraine, suivit ses parens à l'étranger au commencement de la première révolution française. Elle avait trois frères qu'elle perdit successivement sous la bannière des lys, et elle épousa M. le comte de Latour, son parent, gentilhomme lorrain, officier de marine très distingué, au service de France, et qui passa ensuite à celui de Naples. M. et Mme de Latour offraient la réunion de tout ce qu'on peut désirer pour élever des enfans issus de rois, et destinés à occuper un jour un trône; c'est-à-dire religion, instruction, honneur et vertu éprouvés. Le prince royal de Sicile leur confia donc sa fille chérie.

Dès le commencement de mars 1816, la cour et la ville n'étaient plus occupées que du prochain mariage de Mgr. le duc de Berri avec la princesse Caroline de Naples. Louis XVIII, étant encore à Gand en 1815, avait nommé M. le comte de Blacas, son ambassadeur auprès du roi de Naples, pour négocier ce mariage.

Par cette union, d'heureuses destinées semblèrent luire pour Mgr. le duc de Berri. Le prince, complimenté par la Chambre des députés, répondit à l'orateur :

« J'aurai, je l'espère, des enfans qui comme
« moi porteront dans leur cœur l'amour des
« Français ! »

Et la France accueillit cette royale prédiction.

Le départ de Sicile de S. A. R. la princesse Caroline et de son auguste père avait été différé jusqu'au 2 avril, et l'on craignait qu'il ne le fût encore, si les bâtimens français, partis de Toulon pour les conduire à Naples, n'étaient pas signalés à cette époque dans le port.

Déjà les gardes de santé s'étaient embarqués sur différens bâtimens légers afin de rencontrer LL. AA. RR., et d'éviter à la princesse, dès ce moment, les longueurs de la quarantaine dans le port de Marseille.

Il paraît que le prince royal, qui chérissait tendrement la princesse, avait désiré qu'elle prolongeât encore de quelques momens son séjour à Palerme. Le peuple sicilien en témoigna une grande joie.

Dès cet instant, chaque fois que LL. AA. RR. paraissaient en public, elles étaient saluées des cris de *Vive la France! Vive la famille des Bourbons!*

Aussi la jeune princesse Caroline laissa-t-elle à Palerme un souvenir durable de son attachement et de sa piété, en fondant, dans la même ville, une institution qu'elle plaça sous les auspices de la vierge Marie, et dont le but était l'éducation de petites filles siciliennes nées de parens pauvres. Des fonds de pensions furent assignés pour les maîtres et les religieuses qui devaient se consacrer entièrement à cette intéressante occupation.

Le 12 avril, LL. AA. RR. le prince héréditaire et la princesse Caroline, sa fille, arrivèrent à Naples, où des fêtes magnifiques, auxquelles assista toute la cour, leur furent données.

La princesse, pendant son séjour dans cette ville, signala sa présence par une foule de libéralités et d'actes de bienfaisance.

Le 24 avril, la cérémonie du mariage de LL. AA. RR. Mgr. le duc de Berri avec la princesse Caroline, eut lieu dans la chapelle royale du palais, avec tout le cérémonial d'usage, en présence de S. M. le roi de Naples. Mgr. le prince Léopold, oncle de la princesse, l'épousa comme fondé de la procuration de S. A. R. Mgr. le duc de Berri.

Avant son départ de Naples, qui eut lieu le 14 mai, la princesse Caroline voulut visiter tous les lieux consacrés à la bienfaisance et y laisser des témoignages de son intérêt.

Sa présence excita partout l'enthousiasme ; l'amour et l'attendrissement se peignaient sur tous les visages ; tout le monde se pressait sur son passage, et le peuple voulut dételer les chevaux pour traîner sa voiture.

Après une heureuse navigation, la princesse aborda, le 21 mai, au port de Marseille. Elle reçut tous les hommages et honneurs dus à son rang, et se dirigea vers le lazaret. Le 30 du même mois, elle débarqua à Marseille ; le 1er juin, S. A. R. était à Toulon ; elle reçut pendant toute sa route l'accueil le plus flatteur ; le peuple était ivre de joie, et lui prodiguait des marques d'amour, de respect et d'admiration.

Le 14, la princesse arriva à Fontainebleau et rencontra la voiture du Roi au carrefour. On avait étendu sur le pavé un tapis ; on ouvrit en même temps la portière de S. M. et celle de la princesse qui, accompagnée de l'ambassadeur de Naples et suivie de ses dames, arriva sur le tapis en même temps que le roi, qui s'avança de quelques pas vers la jeune princesse. Elle se mit en devoir de fléchir le genou ; mais S. M. l'ayant relevée aussitôt et embrassée, la présenta d'abord à Mgr. le duc de Berri, en lui disant . « Voilà votre mari. » Ensuite à Monsieur, et Madame la duchesse de Berri voulut aussi s'incliner ; puis à Madame, duchesse d'Angoulême, qui l'accueillit de la manière la plus aimable. Le Roi avait ajouté : « Voici mon ange consolateur. » Enfin, S. M. lui prenant la main, Mgr. le duc de Berri se saisit de l'autre, et ils la conduisirent à la voiture du roi. La famille royale y monta et se mit en route pour le château. La jeune princesse fut conduite dans ses appartemens, où elle trouva rassemblées LL. AA. SS. la duchesse douairière d'Orléans, et la duchesse de Bourbon, qu'elle embrassa avec la plus grande cordialité.

Toute la maison de Madame la duchesse de Berri était ivre de joie de ses manières aimables dans son intérieur.

Enfin, Paris vit luire la journée du 17 juin; et si la capitale, dans ce beau jour, retrouva son antique gaieté; si sa physionomie riante dut étonner les étrangers qui naguère encore nous avaient vus si moroses et si découragés, le Roi, à l'aspect du bonheur qu'il nous apportait, de ce bonheur qui était tout entier son ouvrage, aurait pu, comme Titus, s'écrier :

« Je n'ai pas perdu ma journée! »

On ne saurait, sans l'avoir vue, se faire une idée de la fête de ce jour, dont le plus beau caractère était sans doute ce développement de l'opinion publique, cet enthousiasme général, ces cris d'amour et de respect qui lui donnèrent une physionomie toute nationale.

Le 16 juin, la signature du contrat eut lieu avec toute la pompe et le cérémonial usités pour le mariage des princes.

Le 17, quel sublime et touchant spectacle offrit la vaste capitale! Dès six heures du matin des salves d'artillerie avaient annoncé la cérémonie auguste et sacrée du jour. La description en serait trop longue, j'en appelle aux souvenirs de ceux qui ont eu le bonheur d'y assister.

Toute la cour, les grands dignitaires du royaume et les corps constitués de l'Etat arrivèrent à Notre-Dame à une heure moins un quart.

Le Roi ayant pris sa place à son prie-dieu, la cérémonie commença, et Mgr. le grand-aumônier donna la bénédiction nuptiale aux époux, après leur avoir adressé un discours où l'on remarqua surtout le passage suivant :

« Il ne nous est point permis, Monseigneur,
« de vous parler du mérite et des qualités personnelles d'une princesse que l'estime de deux
« excellens rois ont déjà mise au-dessus de nos
« éloges ; elle vous assure à jamais, Monsei-
« gneur, sa confiance, sa tendresse, l'amour
« de votre véritable gloire, comme la noble
« franchise de votre caractère et la bonté de
« votre cœur lui garantissent tout le bonheur
« qu'elle a droit d'attendre du petit-fils de ce
« Dauphin si regretté, dont le nom seul rap-
« pelle, au milieu de la cour, tous les beaux
« exemples de piété conjugale, et que la reli-

« gion ne se console d'avoir trop tôt perdu,
« qu'en retrouvant le plus touchant modèle de
« ses vertus dans la personne de votre auguste
« père. »

Puis, s'adressant à Madame la duchesse de Berri, le saint prélat continua ainsi :

« Soyez bénie, princesse, ô fille de nos rois !
« Française par le sang qui coule dans vos
« veines, par les sentimens qu'il y a transmis
« et qui reviennent aujourd'hui vers leur source
« pour se fortifier et se perfectionner davantage,
« c'est au nom de toute la France, au nom de ce
« prince si religieux et si brave, c'est au nom
« de cette héroïque princesse, auprès de la-
« quelle vous trouverez tant de vertueux exem-
« ples, que nous vous adressons les souhaits
« prophétiques si fidèlement accomplis pour la
« famille sainte : *Soror nostra es, crescas in*
« *mille millia.* Vous êtes de notre nation, vous
« nous appartenez dès votre origine. Multipliez
« les rejetons d'une race qui nous est si chère ;
« soyez féconde en saints et en héros ; que les
« princes qui naîtront de vous, marchant tou-

« jours sur les traces de leurs ancêtres, triom-
« phent, par le courage et la vertu, de tous
« leurs ennemis, et assurent à jamais le bon-
« heur des peuples et la gloire de la religion. »

La cérémonie terminée, les augustes époux, le Roi et toute la famille royale se rendirent aux Tuileries, après avoir recueilli sur leur passage de nombreuses marques d'amour et d'allégresse.

Cette journée à jamais mémorable fut terminée par des fêtes et réjouissances publiques. Des larmes d'attendrissement coulaient de tous les yeux, la joie était dans tous les cœurs.

Des sommes considérables furent distribuées aux pauvres; des grâces, en très-grand nombre, furent accordées aux prisonniers, et des grades, des décorations et de l'avancement furent donnés aux militaires et aux employés civils.

Voilà comme la branche aînée des Bourbons en agissait avec le peuple!....

Quels souvenirs un aussi beau jour ne vient-il pas évoquer, dans un moment où notre belle patrie semble couverte d'un crêpe funèbre et être devenue la proie de tous les fléaux et de toutes les calamités!

Oui, cher Henri, prince intéressant et malheureux, c'est à toi qu'il appartient de réaliser les souhaits prophétiques de M. le grand-aumônier : « Tu triompheras par ton courage et ta
« vertu et, à l'aide des efforts héroïques de la
« princesse, ta mère sublime, de tous tes en-
« nemis, et tu assureras à jamais le bonheur de
« tes peuples et la gloire de la religion!... »

CHAPITRE II.

La volonté divine accomplie. — Assassinat de Mgr. le duc de Berri. Ses paroles, celles de son auguste épouse. Sa mort. Son cœur porté à Rosny.

Il est donc malheureusement vrai que ni la bienfaisance, ni la pratique de toutes les vertus, ne peuvent arrêter l'exécution des décrets de la Divinité, et que l'homme de bien est tout aussi exposé que le pervers à la fureur du meurtrier.

Cette pénible observation, qui a servi d'appui aux athées pour argumenter en faveur de leur déplorable système, et chercher à établir que s'il existait un être suprême, il ne permettrait pas un pareil sacrifice, tend cependant à démontrer que Dieu, dans ses vues impénétrables, s'est servi de la main du crime pour sacrifier l'innocence, afin d'appeler à lui le juste, pour des causes qu'il ne nous est pas permis de chercher à approfondir.

Caïn a tué Abel, dit l'Ecriture-Sainte.

Dieu pouvait empêcher ce crime; il l'a laissé commettre pour prouver aux hommes que, leur ayant laissé la connaissance du bien et du mal, et la faculté d'agir volontairement, lui ne devait s'occuper que de la récompense et de la punition de leurs bonnes ou mauvaises actions. Caïn fut maudit.

Ce que je dis ici, avec la conviction profonde des doctrines que nous enseigne notre sainte religion, a pour but principal de prouver la fausseté des sophismes de ces fanatiques politiques qui ont osé avancer que la mort prématurée des princes frappés par le poignard assassin ne devait pas être regardée comme une calamité pour les peuples, puisque c'était Dieu qui l'avait ainsi ordonné.

Comme si les rois qui tombèrent sous le fer des Ravaillac, des Jacques Clément et des Damiens, n'étaient pas grands de toutes les vertus!...

L'union de l'infortuné duc de Berri avec sa chère Caroline était des plus heureuses; ils se prodiguaient mutuellement les témoignages les plus vifs de tendresse et d'amour.

Et pourtant on eût dit que le ciel s'obstinait à le menacer des plus cruels malheurs! Madame la duchesse de Berri accoucha, le 13 juillet 1817, d'une fille qui ne vécut que deux jours (1). La princesse, se plaignant d'avoir donné le jour à une fille :

« Ne vous désolez pas, lui dit Monseigneur,
« si c'était un garçon, les méchans diraient qu'il
« n'est pas à nous, tandis que personne ne nous
« disputera cette chère petite fille. »

---

(1) Louis XVIII, parain de cet enfant, l'avait nommé *Louise-Élisabeth d'Artois*, MADEMOISELLE ; l'infante Marie-Isabelle, princesse héréditaire des Deux-Siciles, avait été sa maraine.

Le 13 septembre 1818, la princesse accoucha de nouveau d'un garçon qui mourut au bout de deux heures.

Enfin Madame la duchesse de Berri mit au monde, le 21 septembre 1819, Mademoiselle, que la France a eu le bonheur de conserver, et qui déjà est une princesse parée de toutes les graces et douée de tous les talens, des connaissances les plus utiles et des sentimens les plus nobles et les plus généreux.

S. A. R., lorsqu'elle accoucha de Mademoiselle, dit, au milieu de ses souffrances :

« Rassurez-vous, dans un an vous aurez un
« duc de Bordeaux. »

Lorsque cette illustre princesse jouissait de l'illusion d'un aussi heureux pressentiment, qu'elle était loin de prévoir le coup affreux qui cinq mois plus tard devait la frapper !

Le dimanche, 13 février 1820 (1), on jouait

---

(1) Le matin de ce jour déplorable, le prince, déjeûnant avec son auguste épouse, se complaisait à l'entretenir des plaisirs que le carnaval allait leur procurer. Puis,

par extraordinaire à l'Opéra. Le spectacle était long.

S. A. R. Madame la duchesse de Berri avait passé la veille une partie de la nuit au bal brillant de M. Greffulhe, pair de France. Dans l'entr'acte des *Noces de Gamache*, Mgr. le duc de Berri croit s'apercevoir que son auguste épouse est fatiguée; il lui propose de se retirer (1). La princesse accepte, et le prince, lui donnant la main, la conduit jusqu'à sa voiture. Il était onze heures moins un quart. Madame la duchesse de Berri était accompagnée de Mme la comtesse de Béthisy, l'une de ses dames, et de M. le comte de Mesnard, son premier écuyer. M. le comte de Clermont-Lodève, en sa qualité de gentilhomme d'honneur du prince, le suivait à quel-

s'arrêtant tout-à-coup, il lui dit : *C'est fort bien, mais pendant que les riches s'amusent, il faut que les pauvres vivent.* Et il envoya mille francs à un bureau de charité.

(1) Le prince sortait de la loge de M. le duc d'Orléans. Il lui avait parlé de ses projets de chasse pour le lendemain, avait caressé ses enfans et joué avec eux.

ques pas, et M. le comte César de Choiseul, aide-de-camp de service, le précédait.

La jeune princesse, suivie de Mme de Béthisy, monte dans sa voiture; l'un des gens de S. A. R. relevait le marche-pied, et le prince, qui avait manifesté le désir de voir le dernier acte du ballet, se trouvait encore sous l'auvent qui dominait le portique de l'entrée particulière des princes lorsqu'ils allaient à l'Opéra.

« *Adieu, Caroline*, dit-il, *nous nous reverrons bientôt.* »

S. A. R. se retourne pour rentrer au spectacle; tout-à-coup un homme, un monstre, s'appuyant fortement d'une main sur l'épaule gauche du prince, lui porte avec violence un coup sous le sein droit, et s'enfuit.

« *Je suis mort! Je suis assassiné!* » s'écria le prince en apercevant le manche du poignard resté dans son corps.

Au même instant, Madame la duchesse de Berri s'élance, au péril de sa vie, de la voiture dont la portière n'était pas encore fermée. Mme la comtesse de Béthisy veut la retenir par sa robe. « *Laissez-moi ! Laissez-moi !... Je vous ordonne de me laisser.* »

Mgr. le duc de Berri portant la main à sa blessure en retire le fer parricide, et le sang rejaillit sur l'infortunée princesse, qui reçoit dans ses bras son époux défaillant (1).

Aussitôt on s'empresse de procurer au malheureux prince tous les secours nécessaires (2). Déjà il était confié aux soins de MM. Blancheton et Drogart, praticiens habiles.

Le prince, frappé au côté droit supérieur de la poitrine, était assis dans un fauteuil ; ses traits étaient décomposés. Les gens de l'art, reconnaissant la nécessité d'arrêter les progrès d'un épan-

(1) Le prince eut pourtant la force de proférer en cet instant ces paroles : *Je suis mort !... Un prêtre !... Viens, ma pauvre femme, que je meure dans tes bras !...*

(2) Pendant qu'on le transportait dans une des salles de l'administration, il s'écria : *Je pardonne à mon assassin, quel qu'il soit.* On le plaça d'abord dans un fauteuil, puis sur un lit de sangle dressé à la hâte. Tandis qu'on le déshabillait, il ne cessait de demander l'évêque d'Amyclée, depuis évêque de Chartres.

chement de sang qui n'était que trop accusé par l'ensemble des symptômes, tentèrent de promptes divisions. Le docteur Blancheton opéra un léger débridement à la plaie, afin de faciliter la sortie du sang épanché, et d'enlever un caillot qui s'y opposait (1), et le docteur Drogart fit de suite deux saignées au bras.

Pendant qu'on se livrait aux dispositions préparatoires, Madame la duchesse de Berri, s'adressant au docteur Blancheton, en arrière de son auguste époux, le pressait de lui dire si cette blessure était mortelle. « J'ai du courage, dit « l'infortunée princesse, j'en ai beaucoup; je « saurai tout supporter; dites-moi la vérité. »

Le docteur, craignant d'émettre sans réserve son opinion, désire aussi connaître celle des premiers chirurgiens de la capitale, qui devaient bientôt se joindre à lui. Il laisse donc percer

(1) Pour empêcher la suffocation, le docteur Bougon suça la plaie. Le prince, le repoussant doucement, lui dit : *Que faites-vous?... ma blessure est peut-être empoisonnée....*

quelque espoir, et répond à S. A. R. *que l'absence du sang, qui, dans les plaies graves de la poitrine, sort ordinairement par la bouche, peut être d'un augure favorable.*

Cependant les saignées s'effectuent; elles ont un faible résultat, et le prince dit :

« Je suis perdu; vos efforts sont inutiles ; le « poignard est entré tout entier. »

Mgr. le duc de Berri avait pressenti une fin prochaine; il voulait, dans le plus bref délai, obtenir les secours de la religion, secours plus efficaces que ceux qu'il pouvait attendre des hommes.

Presque aussitôt, M. le comte de Mesnard arrive aux Tuileries pour chercher M. l'évêque de Chartres, avec la pénible mission d'annoncer à Mgr. le duc et à Madame la duchesse d'Angoulême, l'horrible attentat.

Madame et son illustre époux partent précipitamment. Monsieur, instruit avec tous les ménagemens possibles par M. le duc de Maillé, sort à l'instant de ses appartemens pour aller auprès de son fils mourant.

Mgr. le duc de Bourbon, M. le duc de Richelieu, M. le vicomte de Châteaubriand, tous les ministres et une foule de grands personnages, viennent mêler leurs larmes à celles de la famille royale et des personnes de la maison du prince.

On a recours à de nouvelles saignées aux pieds; elles ne font que diminuer faiblement l'étouffement de S. A. R.

M. Dupuytren est introduit, et trouve la blessure extrêmement dangereuse. Il ne dissimule pas à MONSIEUR qu'il n'existe plus qu'un seul moyen (moyen dont il n'ose garantir le succès); il propose de débrider encore la plaie, c'est-à-dire de l'élargir pour donner au sang une plus prompte issue.

MONSIEUR répond, dans l'excès de sa douleur :
« Je me fie à votre zèle et à vos talens. — *Et à nos cœurs*, ajoute M. Dupuytren (1). »

Le prince continuant : « C'est un fils qui

---

(1) Le prince répéta plusieurs fois à M. Dupuytren : *Je suis bien touché de vos soins; mais ils ne sauraient prolonger mon existence. Ma blessure est mortelle.*

« m'est bien cher, je l'abandonne à vos soins. »

MM. Dubois et Roux entrèrent dans ce moment.

Le prince demanda qu'on allât supplier Sa Majesté de se rendre auprès de lui : « *Le roi n'ar-*
« *rive pas*, disait-il sans cesse, *je n'aurai pas le*
« *temps de solliciter la grâce de l'homme qui*
« *m'a frappé.* »

Paroles et pensée dignes d'un vrai chrétien !...

Le désespoir de Madame la duchesse s'augmentait à mesure qu'elle voyait s'affaiblir l'organe de son époux; le prince la regardait avec attendrissement, la conjurant de se ménager pour l'*enfant* qu'elle portait dans son sein.

Cette circonstance n'était encore que soupçonnée; elle fit *une très vive impression* sur tous ceux qui se trouvaient dans ce lieu d'angoisse et de désolation.

Les consultations des médecins ne laissaient plus aucun espoir d'amélioration.

Mgr. le duc de Berri, qui recevait tant de témoignages de tendresse et d'amour de l'infortunée princesse, avait encore une autre preuve plus forte peut-être à obtenir de son cœur; il lui demanda la permission de voir deux jeunes enfans nés en Angleterre, auxquels on sait que le prince prenait un bien vif intérêt...

« Où sont-ils? s'écria cette bonne et sensible
« princesse, je serai leur mère!... »

On introduit quelques momens après ces deux innocentes créatures; c'est la princesse elle-même qui les prend par la main, dès qu'elles paraissent; c'est elle qui les fait approcher du lit de douleur, où est leur illustre protecteur; c'est elle qui exige qu'elles embrassent Mademoiselle! Puis, aussi haut que les larmes qui la suffoquent peuvent le lui permettre :

« *Charles! Charles!* répéta-t-elle, *j'ai trois*
« *enfans à présent.* »

Les deux petites filles se mirent à genoux; des pleurs inondaient leur visage.

« Soyez toujours fidèles à la vertu, leur dit le
« prince. »

Il leur adressa ensuite quelques mots en anglais, mais il éprouva de si vives souffrances qu'on fut forcé d'éloigner ces deux enfans.

M. le curé de St.-Roch ; que M. le comte de Clermont avait été chercher, administra à M. le duc de Berri les secours de l'Église (1); tous les assistans s'agenouillèrent, et le plus grand recueillement et les prières les plus ferventes présidèrent à cette sainte cérémonie.

Un tableau non moins touchant succède à ce dernier, celui où le véritable descendant de saint Louis veut bénir sa fille. Madame la duchesse la lui présente ; tout le monde essuie ses larmes et cherche à étouffer ses sanglots pour ne rien perdre de cette scène patriarchale.

Le prince lève avec beaucoup de peine ses mains défaillantes sur la tête de MADEMOISELLE :

« *Pauvre enfant,* dit-il, *je souhaite que tu*
« *sois moins malheureuse que ceux de ma fa-*
« *mille !* »

Une soif continuelle que l'on ne pouvait apaiser augmentait les angoisses du prince : *Ah ! que la mort arrive lentement !* répétait-il souvent

(1) Il était trois heures du matin. Le pasteur conféra l'extrême-onction au prince, les effets de la blessure sur l'estomac ne permettant pas de lui donner le viatique.

Ces exclamations étaient déchirantes pour tout le monde, mais elles venaient encore accabler la princesse. Au bout d'un assez long silence :

« *Chère Caroline!* dit-il, en cherchant la
« main de Madame la duchesse assise et gémis-
« sant près de lui, *le 13 est une date bien fatale*
« *pour nous !* »

Infortunée princesse! Quels nouveaux sujets de désolation! Quelles époques constamment funestes!...

S. A. R., après avoir fait les plus touchans adieux à toute sa famille, à tous ses serviteurs, laissa connaître ses généreuses intentions envers les personnes qui étaient attachées à son service. Il les recommanda toutes à son illustre père.

Il était cinq heures du matin, et le Roi arrive (1).

« Grâce! Sire, dit le prince, dont la vue du
« monarque semblait ranimer la voix, grâce

(1) Le duc de Berri venait d'inviter l'évêque d'Amyclée de lui lire les prières des agonisans; et, prosternée pendant cette lecture, la royale famille était encore à genoux lorsque Louis XVIII entra.

« pour l'homme qui m'a frappé!.... Grâce au
« moins pour la vie!.... Ne me refusez pas la
« dernière faveur que je vous demande!... C'est
« peut-être quelqu'un que j'aurai offensé sans
« le vouloir!.... »

S. M. répondit avec la plus profonde affliction :
« *Mon fils, vous vous rétablirez, nous en re-*
« *parlerons, ne songeons qu'à vous.* »

Cependant les douleurs augmentent, le prince parle plus rarement. On partageait ses souffrances sans pouvoir les adoucir.

« *J'ai interrompu votre sommeil, mon oncle,* » dit-il encore au Roi, et le nom de *Caroline* fut celui qu'il prononçait toujours. « *Mon cher Charles* », répondait la princesse de l'accent le plus tendre; et les pleurs ne cessaient de couler!...

Les médecins, qui voyaient à chaque minute le moment fatal s'approcher, pressaient avec les plus vives instances S. M. de s'éloigner. « *Je ne*
« *crains pas le spectacle de la mort*, répondit
« Louis XVIII, *j'ai un dernier devoir à rendre*
« *à mon fils.* »

Sous le prétexte de laisser un peu de repos au

prince, on invita la princesse à passer avec Madame dans une pièce voisine; S. A. R. n'y voulut jamais consentir.

On s'aperçoit enfin que le prince va rendre le dernier soupir. A un signe du Roi, Madame la duchesse de Berri, qui avait résisté à toutes les prières, fut entraînée par les dames de sa maison; mais bientôt, malgré leurs généreux efforts, elle s'élança vers son époux, pour jeter encore un regard vers la victime auguste, et obéit alors aux ordres de S. M., avec cette noble et courageuse résignation qui appartient à la fille d'un roi Bourbon.

Mgr. le duc de Berri était dans un état complet d'agonie: l'étouffement avait fait des progrès sensibles; le docteur Blancheton le souleva un peu. S. A. R. joignant ses mains, cherchait à les élever vers le ciel, en prononçant ces mots qui furent les derniers:

« O France!... malheureuse patrie!... »

Et l'infortuné duc de Berri expira (1).

(1) On assure que dans cet instant douloureux, S. A. R.

Madame la duchesse, qu'on voulait en vain retenir plus long-temps dans la pièce contiguë, attirée par une inspiration soudaine, effet sans doute de cette inexplicable sympathie des ames mues par le ciel, repousse tout ce qui l'entoure :

« *Laissez-moi, laissez-moi*, s'écria-t-elle, *il est à moi, je veux le voir! Laissez-moi, je vous l'ordonne!...* »

En un instant elle franchit l'espace, et se précipite, à genoux, contre le lit du prince, qui n'existait plus.

« *Grand Dieu! Sa main est froide*, dit-elle en poussant un cri déchirant. *Ah! Charles!.... Il n'est plus!* »

Dans le délire du désespoir, elle baise mille fois cette main inanimée qu'elle arrose de ses larmes. On cherche à arracher la duchesse de ce spectacle funèbre. Le Roi lui-même exige qu'elle s'éloigne.

Madame la duchesse d'Angoulême s'agenouilla vivement, en s'écriant : « *Mon père vous attend ; dites-lui de prier pour la France et pour nous.* »

Tant de douleurs, tant de secousses avaient enfin épuisé les forces de cette malheureuse épouse, et MM. Bougon et Baron portèrent S. A. R. dans sa voiture.

L'auguste veuve partit pour l'Élysée-Bourbon, accompagnée de Madame la duchesse d'Angoulême et de LL. AA. RR. Mademoiselle, Madame la duchesse et Mademoiselle d'Orléans, Mme de Gontaut et M. le comte de Mesnard.

Passant devant une glace, elle vit le désordre de sa chevelure et s'écria : « *Voilà les cheveux* « *que ce pauvre Charles aimait tant !* » Aussitôt elle prend une paire de ciseaux, les coupe elle-même, et en les remettant à Mme de Gontaut, lui dit : « *Prenez-les : un jour vous les* « *donnerez à ma fille, en lui disant que sa mère* « *les coupa le jour où son père a péri !* »

Le premier soin de S. A. R. Madame la duchesse de Berri, en se retirant à l'Élysée-Bourbon (1), le soir même de la mort de son

---

(1) Madame ne resta point à l'Élysée; elle fut immédiatement conduite à Saint-Cloud.

« L'appartement où reposait cette princesse était en

auguste époux, avait été de remettre à Madame la duchesse d'Angoulême, qui ne l'avait pas quittée un seul instant, ses diamans, en lui disant : « *Ma sœur, je n'ai plus besoin de cette parure,* « *prenez-la, je vous prie, et que le prix en soit* « *consacré à la fondation d'un hospice.* »

Cette sublime princesse dit à ses serviteurs, avec une bonté on ne peut plus touchante :

« *Quoique la mort du prince que nous chéris-*

« même temps un sanctuaire ; elle y avait fait dresser
« un autel. Là, chaque matin, au milieu d'un appareil
« religieux et funèbre, un prêtre venait célébrer le saint-
« sacrifice. Son Altesse mêlait ses vœux à ceux du mi-
« nistre de la religion, implorait pour l'ame de son
« époux ce bonheur dont il n'avait pu jouir sur la terre.
« — La princesse avait éloigné de ses yeux tous les or-
« nemens convenables à son rang, même ceux qu'elle
« devait à la tendresse de son époux. Les murs de sa
« chambre, son lit, ses vêtemens étaient empreints des
« signes du deuil. Elle s'était enfoncée vivante dans cette
« espèce de tombeau ; triste et dernière conformité
« qu'elle voulait du moins avoir avec le prince, objet
« de ses éternels regrets. »

« sions tous doive me priver des moyens de ré-
« pandre autant de bienfaits que par le passé,
« je veux vous garder tous auprès de moi, et
« consacrer ma médiocre fortune à vos besoins
« et à ceux de tous les malheureux. »

Lorsque M. le duc de Lévis, après la cérémonie de l'enterrement du corps de l'infortuné duc de Berri dans les caveaux de Saint-Denis, fut chargé de demander à son auguste veuve où elle voulait que fût déposé le cœur du prince son époux, voici la réponse qu'elle fit :

« Mes intentions sont arrêtées. Je vais faire
« construire à Rosny un bâtiment composé d'un
« pavillon et de deux aîles : dans l'une on soi-
« gnera les malades, dans l'autre on élèvera
« de pauvres enfans. Le milieu sera une cha-
« pelle où on priera pour mon mari. »

Quelle heureuse inspiration que celle de faire du château de Sully le sanctuaire où devait reposer le cœur du duc de Berri, du petit-fils de Henri IV, puisque ce que chérissaient le plus ces deux princes, c'était les enfans et les pauvres....

Tous ces détails, quelque déchirans qu'ils soient, m'ont paru d'un trop grand intérêt pour être supprimés : ils font connaître à fond la belle ame et la noblesse de princes qu'on n'a pas toujours bien appréciés; ce sont des faits historiques qui sont près de nous, et qui parlent trop haut, pour qu'on puisse les révoquer en doute.

Telle fut la fin tragique de l'infortuné duc de Berri, de ce prince dont la noble franchise avait captivé tous les cœurs, de ce brave que toute l'armée chérissait, et qui devait exercer une si haute influence sur les destinées de la France.

S'il eût vécu, jamais nous n'aurions vu les journées de juillet. Libéral autant que valeureux, il aurait su, sans prendre le dégradant système du juste-milieu, concilier la gloire de la France et ses libertés, avec les mesures qu'aurait exigées la bonne administration du royaume.

CHAPITRE III.

Calomnie et faux bruits méchamment semés dans le public. — Protestation au nom du duc d'Orléans sur la légitimité du duc de Bordeaux. — Naissance de S. A. R. Mgr. le duc de Bordeaux. Détail de toutes les circonstances de cet heureux événement.

La naissance des princes a presque toujours donné lieu à des fables plus ou moins ridicules. Pour une certitude acquise que de contes ont été faits!

La malveillance qui, pour corrompre les esprits, distille partout les poisons de la calomnie, fit bientôt répandre le bruit que Madame la duchesse de Berri n'avait pas accouché, et que S. A. R. Mgr. le duc de Bordeaux était un enfant que par une intrigue on lui avait attribué, pour exclure du trône la branche cadette des Bourbons.

Ce sale et dégoûtant mensonge trouva cependant de l'écho; mais heureusement ce ne fut que parmi les amateurs du scandale, les mécontens, et ceux qui avaient un intérêt opposé à ce que la couronne restât dans la branche aînée. Tous les honnêtes gens, toutes les personnes à même d'apprécier les vertus des membres de l'auguste famille royale le repoussèrent avec horreur.

A la vérité la naissance de Mgr. le duc de Bordeaux, après les chagrins cuisans que l'illustre princesse sa mère éprouva, après les tentatives criminelles dont elle avait été l'objet, a pu paraître miraculeuse; mais enfin c'était un bienfait que Dieu lui réservait comme un adoucissement à ses maux, comme une récompense à ses vertus.

Cet événement, si heureux pour la France, fut sans doute un coup de foudre pour la famille du Palais-Royal.

Cependant M. le duc, Madame la duchesse d'Orléans et Mademoiselle Adélaïde ne crurent pas pouvoir se soustraire à l'obligation d'une visite dont ils auraient beaucoup mieux fait de s'abstenir. Ils étaient venus pour bénir, ils maudirent.

En entrant, Mademoiselle Adélaïde dit à sa belle-sœur :

« Enfin, il n'y avait personne ! »

« Je vous demande pardon, lui répondit
« quelqu'un que le hasard avait placé derrière
« elle, M. le maréchal Suchet y était, et dé-
« clarera ce qu'il a vu. »

Pour M. le duc d'Orléans, il ne put se contenir devant Mme de Gontaut, à qui on avait remis le jeune prince, et ses propos furent si amers et si offensans, que cette dame toute en larmes, s'écria :

« C'est horrible ! M. le maréchal venez donc
« répondre à M. le duc d'Orléans ! »

Pendant ce temps l'auguste mère courait le plus grand danger. On craignait pour elle l'accident qui a enlevé la princesse Charlotte d'Angleterre; et Louis XVIII, revenant du baptême, frappait en vain à la porte qu'on refusait de lui ouvrir.

Cependant on réfléchit au Palais-Royal sur une conduite qui aurait été plus remarquée, sans la joie qui enivrait toute la famille royale. Le lendemain de la naissance, Mademoiselle Adélaïde fut envoyée à Mme de Gontaut.

« Joséphine, lui dit-elle, vous êtes en colère
« contre mon frère; mais il faut pardonner à
« un premier mouvement bien naturel. On ne
« perd pas sans regret une couronne pour ses
« enfans. Je vous assure qu'aujourd'hui il est
« tout-à-fait bien. »

Et peu de jours après parut, dans les journaux anglais, cette protestation attribuée au duc d'Orléans, portant la date du 30 septembre 1820, et qui fut librement criée et vendue dans les rues de Paris après les tristes événemens de juillet. Je n'ai pu me résoudre à retracer ici ces dégoûtantes absurdités. Tout l'intérêt de cette pièce roule sur une équivoque de mots. On dit qu'au moment où M. le maréchal Suchet et les autres témoins sont entrés, MADAME, duchesse de Berri, était *dans* son lit, tandis qu'elle était véritablement *sur* son lit. Voilà sur quoi repose toute l'argumentation.

Je n'accuse pas Louis-Philippe d'avoir composé ni même signé ce chef-d'œuvre de mauvaise foi et de mauvais ton ; cependant, je suppose qu'il doit ce service au moins à un de ses amis ; et il me semble que la famille royale aurait pu l'inviter à le démentir publiquement. Mais, dans ce moment de joie et de bonheur, qui pouvait regarder de si bas et de si loin ?

Qu'on juge du morceau entier par ce passage :

« Mais où étaient donc les parens de la prin-
« cesse pendant cette scène qui a duré au moins
« vingt minutes ? Pourquoi, durant un si long
« espace de temps, affectèrent-ils de l'aban-
« donner aux mains de personnes étrangères,
« de sentinelles et de militaires de tous les
« rangs ? Cet abandon affecté n'est-il pas pré-

« cisément la preuve la plus complète d'une
« fraude grossière et manifeste? N'est-il pas
« évident qu'après avoir arrangé la pièce, ils
« se retirèrent à deux heures et demie, et que,
« placés dans un appartement voisin, ils atten-
« daient le moment d'entrer, et de jouer les
« rôles qu'ils s'étaient assignés ? »

Et c'est de Louis XVIII, de Charles X, de Mgr. le Dauphin et de Mme la Dauphine que l'on osait parler ainsi! C'était cette auguste et vertueuse famille qui s'était assigné des rôles dans cette odieuse comédie! C'était elle qui avait dicté le parjure de M. le maréchal Suchet et de Mme la duchesse de Reggio! Le tout pour enlever à M. le duc d'Orléans le trône que lui assurait sa naissance! Et un faussaire signe du nom du premier prince du sang cette ignoble et criminelle accusation, et ce prince ne s'empresse pas de réclamer contre cette imposture!

Ce qui suit est plus curieux encore :

« S. A. R. le duc d'Orléans est convaincu que
« la nation française et tous les souverains de
« l'Europe sentiront toutes les conséquences

« dangereuses d'une fraude si audacieuse et si
« contraire aux principes de la monarchie héré-
« ditaire et légitime. Déjà la France et l'Europe
« ont été victimes de l'usurpation de Bonaparte.
« Certainement une nouvelle usurpation de la
« part d'un prétendu Henri V amènerait les
« mêmes malheurs sur la France et sur l'Eu-
« rope. »

Ainsi c'est M. le duc d'Orléans qui appelle tous les souverains de l'Europe au secours de l'hérédité légitime de la monarchie française!...

Il craint qu'une *nouvelle usurpation* n'attire sur la France les malheurs qu'a amenés Bonaparte, et c'est Henri V qui doit *usurper* un jour le trône de M. le duc d'Orléans! En vérité, tout cela n'était que ridicule en 1820; mais il faut avouer que depuis 1830 de pareilles pensées sont devenues singulièrement remarquables.

Voilà pourtant ce qu'on criait en juillet sous les fenêtres du Palais-Royal, et ce qu'on a répandu à profusion sur la route de Cherbourg!...

Les souvenirs de Mme de Gontaut n'ont pas

toujours été aussi pénibles. En voici un plus doux :

Un jour elle se trouvait au Trocadero de Saint-Cloud, assise sur un banc voisin de la chaumière. Madame la duchesse d'Orléans était à côté d'elle; M. le duc d'Orléans se tenait debout, et les deux augustes enfans jouaient sur le sable.

« Vous ne croyez pas, dit M. le duc d'Or-
« léans à Mme de Gontaut, en montrant le
« jeune prince; vous ne croyez pas à mon in-
« térêt pour cet enfant.... Vous avez tort. Je ne
« dis pas que je l'aime comme les miens, il y
« aurait de l'exagération; mais j'ai pour lui le
« plus vif attachement, et je le prouverai dans
« toutes les occasions. »

L'avenir nous fera connaître si ces paroles étaient bien sincères ; mais le 7 août peut inspirer bien des craintes.

Pour donner un démenti formel à tout ce qui a été dit d'absurde touchant S. A. R. Mgr. le duc de Bordeaux, j'ai pensé qu'on ne lirait pas sans plaisir et sans un vif intérêt les détails qui ont trait à la naissance de ce prince.

Dès le 15 septembre 1820, on ne s'occupait à la cour que du grand événement auquel se rattachaient toutes les espérances d'un peuple entier. Déjà les dames de Bordeaux avaient réalisé l'ingénieuse pensée d'offrir à la plus courageuse des mères un berceau pour l'enfant royal, et déjà la nourrice avait été choisie.

S. A. R. n'avait jamais douté, comme nous l'avons dit, qu'elle mettrait au monde un prince, et cette idée consolante avait pris à ses yeux encore plus de consistance, à la suite d'un rêve fort extraordinaire qu'elle fit au mois de mai 1818. Voici comment la princesse le raconta elle-même le lendemain matin aux personnes de sa maison :

« Cette nuit j'étais à l'Élysée ; je tenais par la
« main mes deux enfans, ma fille et un jeune
« prince ; j'ai vu alors fort distinctement saint
« Louis ; il voulait couvrir de son manteau
« royal MADEMOISELLE ; je lui ai aussi présenté
« mon fils, et le saint Roi nous a enveloppés

« tous les trois dans son manteau, nous a bénis,
« et a couronné mes enfans. »

Cependant rien n'annonçait encore que l'événement fût immédiat, et le 28 septembre, à neuf heures du soir, Louis XVIII avait dit à l'ordre :

« Je ne crois pas que Madame la duchesse
« de Berri accouche avant cinq ou six jours. »

L'intention de la princesse avait été de faire placer son lit dans son salon, d'avoir au-dessus de sa tête le portrait de son auguste et malheureux époux, et devant ses yeux le buste du bon et grand roi Henri.

S. A. R. n'avait point encore ordonné qu'on fit ces dispositions ; elle se coucha sans prévoir que le lendemain, 29 septembre, elle comblerait les vœux de ses trois familles, en donnant le jour à un prince qui devait réunir tous les Français autour de son berceau sacré.

Mme de Vathaire, première femme-de-chambre de S. A. R., venait de se retirer en laissant Madame la duchesse de Berri en parfaite santé. Il était deux heures du matin ; à peine était-elle endormie qu'elle est éveillée par ces mots, que lui adressait Mme Bourgeois, l'une de ses femmes-de-chambre ordinaires :

« Allons, vîte, vîte ! Il n'y a pas un instant
« à perdre. »

Toutes les deux se précipitent vers le lit de la princesse.

On court avertir M. Deneux, accoucheur de S. A. R. ; Mme de Vathaire va chercher Mme la duchesse de Reggio, dame d'honneur de la princesse, et Mme la comtesse de Gontaut, gouvernante des enfans de France. Pendant ce temps, Mme Bourgeois reçoit l'enfant, et la princesse s'écrie :

« Quel bonheur ! C'est un garçon ! C'est Dieu
« qui nous l'envoie ! »

L'accoucheur est à peine entré dans la chambre, que la princesse lui dit :

« M. Deneux, nous avons un prince ; je suis
« accouchée sans douleurs ; je suis bien, ne vous
« occupez pas de moi ; mais soignez mon enfant :
« n'y a-t-il pas du danger à le laisser dans cet
« état ? — Non, princesse, répond l'accoucheur ;

« l'enfant crie très-fort ; il respire librement ;
« en un mot il est si bien qu'il peut rester ainsi
« pendant une heure. »

MM. Bougon, premier chirurgien du roi, et Baron, médecin des enfans de France, arrivent presque en même temps auprès de S. A. R., et lui donnent les mêmes assurances.

« En ce cas, ajouta la princesse, je veux qu'on
« voie mon enfant, afin qu'on soit assuré qu'il
« est bien le mien. »

Elle met dès lors une grande insistance à demander des témoins (1).

Un garde de Monsieur se présente :

« Vous ne le pouvez pas, lui dit S. A. R.
« avec une présence d'esprit admirable, vous
« êtes de la maison. Qu'on aille chercher des
« gardes nationaux. »

Dix minutes se passent, des gardes nationaux arrivent, ce sont MM. Lainé, Paigné, Dauphinot et Triohon-Sadony.

(1) L'enfant était resté attaché à la princesse par le cordon ombilical, qui ne fut coupé que long-temps après.

« Messieurs, leur dit S. A. R., vous êtes té-
« moins que c'est un prince. »

Ils sont bientôt suivis de M. le maréchal duc d'Albuféra, auquel la princesse dit en souriant :

« Venez, Maréchal, nous vous attendions!... »

Comment songer sans admiration au courage sublime d'une jeune princesse faible et délicate, épuisée par les souffrances d'un enfantement aussi prompt, qui, s'élevant tout-à-coup aux plus hautes considérations de la politique, suspend sa délivrance par un effort volontaire, et pense au Roi et à la France, quand il lui eût été bien permis de ne penser qu'à elle et à son enfant!....

A trois heures on annonce Monsieur. LL. AA. RR. Madame et Mgr. le duc d'Angoulême arrivèrent presque à-la-fois, suivis de MM. le duc de Coigny, le comte de Nantouillet et Mgr. l'évêque d'Amiens.

La figure de Monsieur, toujours si noble, paraît comme éclairée d'un rayon divin.

« Où est-elle? Où est-il? » Tels sont les premiers mots que prononce Madame, duchesse d'Angoulême, et elle embrasse tour-à-tour son oncle, sa sœur, son mari et son neveu. Madame la duchesse de Berri, se rappelant alors les craintes de ceux qui pensaient qu'elle aurait encore une fille, et la vision qu'elle avait eue, dit :

« Vous le voyez, saint Louis en savait plus « que vous. »

Enfin, Louis XVIII arrive : son auguste frère va au-devant de lui; tous deux s'embrassent plusieurs fois sans pouvoir parler : *Vive le roi!* s'écria enfin Monsieur, en pleurant de joie. « Quel beau jour! » répond le Roi, et les deux frères, ivres de plaisir, entrent chez Madame la duchesse de Berri.

S. M. se jette dans les bras de la princesse en lui disant : « Dieu soit béni, vous avez un fils », et remet à son auguste mère un magnifique bouquet de diamans en ajoutant : « Ceci est « pour vous, et ceci est pour moi. »

Aussitôt il prend le duc de Bordeaux et l'embrasse.

La duchesse, montrant d'une main le bouquet et de l'autre l'enfant :

« Sire, dit-elle, ce n'est qu'un échange. »

Le monarque, couvrant l'enfant de ses baisers, voulut renouveler pour lui ce que l'histoire a raconté de la naissance de Henri IV. Il lui frotta les lèvres avec une gousse d'ail, et lui fit boire quelques gouttes de vin de Jurançon, épreuve que l'auguste enfant supporta comme l'immortel Béarnais.

A cinq heures, le Roi se retira dans ses appartemens, non sans avoir recommandé à sa nourrice, avec toute l'effusion d'un cœur paternel, l'illustre et unique rejeton de la famille.

Le 29 septembre 1820, à cinq heures du matin, dès qu'une salve de vingt-un coups de canon eut annoncé à la capitale la naissance d'un prince, les témoignages de l'allégresse publique éclatèrent de toutes parts (1); un grand nombre

(1) Le bronze des autels et l'airain des batailles
Ont salué vingt fois les portiques royaux ;
Paris n'a point assez, pour parer ses murailles,
De fleurs et de drapeaux....

d'ouvriers qui se rendaient à leurs travaux, et de citoyens accourus de différens quartiers, se porta aux Tuileries bien avant que les grilles du jardin ne fussent ouvertes, pour s'assurer de la réalité de l'événement.

Pendant que les premières autorités s'empressaient d'apporter leurs félicitations au pied du trône, la foule était grande chez l'auguste enfant. Les rangs étaient confondus, toutes les classes se mêlaient. Des maréchaux de France, de simples soldats, des magistrats, des négocians, des pairs de France, des bourgeois et des députés, tous étaient Français, tous voulaient le voir.

Les principales églises de Paris se remplirent au fur et à mesure que l'heureuse nouvelle se répandit dans les divers quartiers de la capitale. Les fidèles couraient au pied des autels de Saint-Germain-l'Auxerrois, paroisse du prince nouveau-né, Saint-Roch, Saint-Eustache, l'Assomption, Saint-Thomas-d'Aquin, Saint-Gervais, Saint-Paul et Saint-Nicolas-des-Champs, mettant dans l'expression de leur reconnaissance autant de ferveur qu'ils en avaient apporté dans leurs prières pour l'heureuse délivrance de la princesse, remerciant Dieu d'avoir accordé à leurs vœux un héritier de huit siècles de gloire, un enfant de France, un enfant desiré par l'Europe entière.

A neuf heures, le duc et la duchesse d'Orléans, Mademoiselle d'Orléans, Mgr. le duc et M$_{me}$ la duchesse de Bourbon se rendirent chez le Roi et chez Madame la duchesse de Berri, pour leur offrir leurs félicitations et partager le bonheur de l'auguste famille (1).

Toute la famille royale se rendit, à midi le même jour, à la chapelle du château, pour remercier, au nom de la France et au sien, le roi des rois d'avoir réalisé toutes les espérances et comblé tous les vœux. Au moment où l'enfant royal fut ondoyé, le Roi, entouré de toute sa

(1) On voit que dans ce moment la famille d'Orléans n'avait encore jeté, sur la légitimité du jeune prince, aucun des doutes qu'une politique spéculative lui suggéra plus tard.

cour, s'agenouilla en écoutant dans le plus profond recueillement. Le *Te Deum* ne fut interrompu que par les sanglots de ceux qui le chantaient.

S. M. ayant ordonné qu'on laissât entrer le peuple dans les bas-chœurs, en un instant ils se trouvèrent remplis, et les sujets purent unir leurs prières et leurs chants à ceux de leur souverain.

En sortant de la messe, le Roi s'arrêta au grand balcon qui donne sur le jardin des Tuileries, et de là, entouré de tous les siens et suivi de ce que la cour avait de plus brillant, il se montra à une foule immense qui faisait retentir l'air des cris de *Vive le Roi! Vive le duc de Bordeaux! Vivent les Bourbons!*

S. M. ayant plusieurs fois fait signe de la main pour indiquer qu'elle voulait parler, parvint enfin à calmer ce tumulte des cœurs, et le silence le plus profond y ayant succédé aussitôt, Louis XVIII prononça ces paroles, souvent entrecoupées par sa profonde émotion, mais avec l'accent le plus tendre :

« Mes enfans!.... Mes amis!.... Votre joie
« centuple la mienne; il nous est né un enfant
« à tous.... Il sera un jour votre père, et il vous
« aimera.... comme je vous aime, comme toute
« ma famille vous aime. »

Ces mots si touchans et si nobles dans leur simplicité, portèrent l'enthousiasme et l'ivresse publique à son comble.

L'acte de naissance fut signé par Louis XVIII, tous les princes de la famille, les princes et princesses du sang, les témoins désignés, MM. les maréchaux de Coigny, duc d'Albuféra, MM. le chevalier Dambray, chancelier de France, le duc de Richelieu, président du conseil, tous les ministres, et un grand nombre de personnes de tous rangs et de toutes conditions.

La France, qui chante toujours dans les occasions où elle peut manifester son amour pour son roi et sa dynastie auguste, chanta encore mieux puisqu'elle était heureuse. Et quel bonheur plus grand pouvait-elle attendre de la Providence, que celui de la naissance d'un fils de France, du duc de Bordeaux?

Des vers pleins de grace et inspirés par le cœur furent envoyés de toutes parts à l'occasion de ce mémorable événement, qui fut consacré par des fêtes brillantes (1).

Madame la duchesse de Berri, complimentée par le nonce apostolique, au nom du corps diplomatique ; et par M. le président du conseil et MM. les ministres, répondit avec autant d'âme que d'esprit.

Quelques jours avant l'heureux événement de la naissance du prince, elle fit venir M. Deneux, son accoucheur, et lui dit :

« Je sais que dans le cas d'une couche péril-
« leuse, l'usage est de sauver la mère au risque
« de perdre l'enfant. J'ignore si le ciel me ré-
« serve un accouchement laborieux ; quoi qu'il

---

(1) Le soir de ce beau jour il y eut spectacle gratis ; les casernes des gardes-du-corps et de la garde royale furent illuminées comme par enchantement ; n'ayant pas eu le temps de se procurer des lampions, chacun posa sa lumière sur sa fenêtre ; on allait, on venait dans les rues, riant, s'embrassant : la joie des princes est communicative au peuple !

« en soit, souvenez-vous que l'enfant que je
« porte est à la France ; en cas de danger n'hé-
« sitez pas de le sauver, même aux dépens de
« ma vie. »

Quel sublime abandon !...

Ces paroles sont bien dignes de l'héroïque princesse qui a dit, à propos de la tentative du 19 août :

« Je ne crains rien, le sang de Louis XIV et
« de Marie-Thérèse coule dans mes veines et
« pétille jusqu'au bout de mes doigts. »

CHAPITRE IV.

Baptême de S. A. R. Mgr. le duc de Bordeaux. — Tentative criminelle contre Madame la duchesse de Berri. — Sa demande en grâce des deux coupables. — Réfutation de calomnies contre les Bourbons.

La naissance de S. A. R. Mgr. le duc de Bordeaux avait comblé de joie les cœurs vraiment français. Toutes les espérances étaient réalisées, puisqu'un noble petit-fils du grand Saint-Louis et du valeureux Henri était appelé par la bonté divine à s'asseoir sur le trône de ses illustres aïeux.

Il était important que l'enfant auguste nouveau-né, objet de tant de sollicitudes, sorti, pour ainsi dire, du sein de l'affliction et des douleurs, fût montré à la France entière, après avoir accompli par sa naissance, qu'on pouvait appeler miraculeuse, les vœux les plus ardens qui furent jamais adressés au ciel. C'était en présence des saints autels, c'était dans ce temple visité par tant de rois, où Saint-Louis, Henri IV, Louis XIII et Louis XIV étaient venus remercier l'Éternel de ses bienfaits et de leurs victoires ; c'était aux pieds de la reine immortelle des anges et des hommes, que ce précieux rejeton de tant de monarques devait être présenté au Dieu tout-puissant qui protége la France, aux braves guerriers chargés de la défendre, aux magistrats interprètes des lois, aux ministres de la religion qui en conservent les mœurs, enfin au peuple entier qui en fait la grandeur et la force.

Les préparatifs brillans et magnifiques se trouvaient comme en harmonie avec la cérémonie du baptême de Mgr. le duc de Bordeaux. Des fêtes, des réjouissances, des distributions d'argent, de vins et de comestibles, concouraient à l'expression de la joie publique ; et la bienfaisance, ce besoin si impérieux des cœurs magnanimes de Louis XVIII et de sa famille, répandit ce jour-là, jusque dans l'asile de la misère, le bonheur et la reconnaissance.

La veille de cet heureux jour, il y eut spectacle *gratis* sur tous les théâtres de la capitale. Seize mariages, dont les époux furent choisis et dotés par la ville de Paris, avaient eu lieu. De nombreuses promotions dans les classes militaires et civiles furent faites par une ordonnance royale, ainsi qu'un grand nombre de nominations de chevaliers de Saint-Louis et de la Légion-d'Honneur. Enfin, des remises de peines furent accordées à un grand nombre de condamnés qui s'étaient fait distinguer par la sagesse de leur conduite et la manifestation de leur repentir.

Le 1er mai 1821, à midi, le Roi et son auguste famille sortirent du palais des Tuileries pour se rendre à l'église métropolitaine. La garde nationale et la garde royale à pied, ainsi que les troupes de ligne, formaient la haie depuis le Carrousel jusqu'au parvis Notre-Dame, et le cortége se mit en marche dans l'ordre suivant :

Un détachement de gendarmerie, l'état-major de la place, et la gendarmerie des chasses.

M. le maréchal duc de Reggio, suivi du nombreux et brillant état-major de la garde nationale à cheval.

Douze voitures de la maison des princes avec un escadron de lanciers de la garde.

Vingt voitures de la maison du Roi, également à huit chevaux, avec un escadron de MM. les gardes-du-corps.

Les voitures où se trouvaient MADEMOISELLE, Mgr. le duc de Bordeaux, sa nourrice, la gouvernante des enfans de France, les grands-officiers de la couronne, les maréchaux de France, les ministres, les officiers supérieurs des gardes-du-corps; les écuyers et les hérauts d'armes venaient ensuite ; enfin la voiture du Roi. S. M. était accompagnée de MONSIEUR, Madame la duchesse d'Angoulême et Madame la duchesse de Berri. Mgr. le duc d'Angoulême et M. le maréchal duc de Raguse étaient à cheval à l'une des portières de la voiture de S. M., et M. le capitaine des gardes de service à l'autre.

Suivaient encore quatre autres voitures à six chevaux, dans lesquelles étaient les dames des princesses.

Le cortége était fermé par les grenadiers et cuirassiers de la garde, avec un piquet de gendarmerie.

S. M. arriva à la métropole à une heure, précédée des princes et princesses de la famille royale (1). LL. AA. SS. Mgr. le duc et madame la duchesse d'Orléans et Mgr. le duc de Bourbon étaient entrés dans l'église par l'archevêché, et

---

(1) Une députation des dames de la Halle, des forts et des charbonniers avait été placer, en avant de la statue de Henri IV, un tableau sur lequel étaient inscrits ces mots :

| Jeanne d'Albret. 1553. | Français, aimez mon petit-fils comme j'ai aimé vos pères. | Caroline. 1821. |

Au moment où le roi passa sur le Pont-Neuf, ces braves gens le saluèrent, ainsi que les princes, des cris de *Vive le roi!* Mais leur émotion fut au comble quand ils virent Mgr. le duc de Bordeaux et Mademoiselle tendre leurs petites mains vers la statue de leur aïeul Henri IV, comme pour dire à ces Français fidèles : « *Nous sourions à votre offrande.* »

étaient allés au-devant du Roi. Avant que le monarque entrât dans la métropole, l'auguste enfant s'y trouvait déjà porté par Mme de Gontaut et accompagné de Mademoiselle. Tous les assistans eurent le bonheur de contempler à leur aise, en attendant l'entrée du Roi, Mgr. le duc de Bordeaux rayonnant de santé et regardant d'un air très décidé les objets dont il était environné et qui paraissaient l'occuper.

Lorsque le Roi fut arrivé à la porte de l'église et sous l'espèce de tente qui avait été préparée à cette occasion, M. le coadjuteur, à la tête du clergé, vint recevoir et haranguer S. M., Mgr. l'archevêque de Paris ne pouvant, à cause de son grand âge, se transporter à la porte de la basilique.

Le monarque s'étant placé sous le dais élevé au milieu de la croisée, Monsieur, Mgr. le duc d'Angoulême, Mgr. le duc de Bordeaux et Mademoiselle, prirent place à sa droite; Madame la duchesse d'Angoulême, Madame la duchesse de Berri, madame la duchesse et mademoiselle d'Orléans se placèrent à sa gauche. Alors, M. le cardinal-archevêque, qui était resté près de l'autel, entonna le *Veni creator*, et la cérémonie du baptême commença.

L'auguste enfant, qui avait déjà été ondoyé, reçut l'onction des cathécumènes et le saint-chrême des nouveaux baptisés. Il fut appelé des noms de Henri-Charles-Ferdinand-Dieudonné. Monsieur, frère du Roi, et Madame, duchesse d'Angoulême, remplirent les fonctions de parain et de maraine. La cérémonie eut lieu sous les yeux du Roi, qui resta assis sur son trône tout le temps qu'elle dura.

Lorsqu'elle fut terminée, l'auguste enfant fut porté sur l'autel, et S. Em. lui ayant posé sur la tête son étole, récita l'évangile de Saint-Jean, tandis que Monsieur et Madame tenaient leurs mains étendues sur lui.

Après l'évangile, le vénérable prélat présenta au Roi le jeune prince, en lui adressant un discours auquel le Roi répondit avec une profonde émotion (1).

(1) Discours de l'archevêque.
« Sire, lorsque cet enfant royal fut donné de Dieu

Après le *Te Deum* et la bénédiction de M. le cardinal-archevêque, S. M. signa l'acte de bap-

« pour consoler la France de ses malheurs, la Religion
« le salua avec les transports de la reconnaissance.
« Elle n'a pu voir, sans un profond attendrissement,
« V. M. venir elle-même, avec actions de grâces, le
« consacrer au Seigneur dans son temple, et le déposer
« sur son autel, comme pour reconnaître d'une manière
« plus solennelle le miracle d'un si grand bienfait. La
« Religion, Sire, remet entre vos mains ce dépôt pré-
« cieux, chargé de ses bénédictions et de ses espé-
« rances. Elle le confie à V. M., pour lui apprendre,
« par ses leçons et par ses exemples, ce que l'Église doit
« se promettre sous le règne d'un roi très-chrétien. »

Réponse du roi :

« Que pouvais-je faire de mieux que de venir présen-
« ter au Seigneur ce précieux enfant, d'appeler sur lui
« la protection de la Très-Sainte-Vierge, et d'oser join-
« dre ma bénédiction à celle que vous venez de répandre
« sur sa tête ? Priez pour lui, M. le cardinal, je vous le
« demande avec instance. Que le clergé de la Métropole,
« que tout le clergé de France prie pour lui, afin qu'il
« se rende digne du bienfait que le ciel nous a accordé
« par sa naissance, et que sa vie soit consacrée au bon-
« heur de la France, et à la gloire de notre sainte Église. »

têmc. M. le curé de Saint-Germain-l'Auxerrois, sur la paroisse duquel se trouve le château des Tuileries, tenait la plume. LL. AA. RR. Monsieur et Madame, les autres princes et princesses de la famille royale, les grands-officiers de la couronne, M. le garde-des-sceaux, M. le président de la cour de cassation, MM. les présidens des cours de justice, les douze maires de la ville de Paris, ceux des trente bonnes villes du royaume, à commencer par celle de Bordeaux, signèrent l'acte de baptême; cette dernière formalité dura près d'une heure.

La cérémonie entièrement terminée, il était près de trois heures; le Roi, avec son cortége, retourna au château dans le même ordre. Pendant tout le trajet, Mme de Gontaut présenta le jeune Henri aux regards avides de la foule qui se pressait sur les pas de S. M., et les acclamations les plus vives éclatèrent à la vue de l'illustre rejeton et de sa royale famille.

Que l'on se représente l'auguste veuve surmontant ses douleurs pour consacrer, par sa présence, les vœux de tout un peuple; un prélat plus qu'octogénaire bénissant un jeune enfant sur l'autel du dieu de Saint-Louis, et rapprochant ainsi, sous l'étendard de la religion, les deux extrémités de la vie ; des princes et des princesses magnanimes, souriant à la douce perspective qui leur fait voir un successeur, un digne héritier de leur gloire et de leurs vertus, une tendre mère prenant entre ses bras l'un de ses enfans, qu'elle caresse, tandis que pour elle le pontife offre l'autre à Dieu, qui lui donna le courage, les joies et les tribulations de la maternité ; que l'on se figure un peuple immense, mais choisi, un calme parfait contrastant avec l'enthousiasme de la joie qu'on lisait dans tous les regards, et que le respect seul pour le saint lieu pouvait comprimer, et l'on comprendra quelle impression a dû produire sur tous les esprits, la cérémonie du baptême de Mgr. le duc de Bordeaux (1).

---

(1) Pendant que la religion faisait un chrétien, les magistrats dépositaires de l'autorité des Bourbons faisaient des heureux : des distributions extraordinaires

Tels sont les détails que j'ai recueillis sur le baptême d'un jeune prince malheureux verslequel toutes les âmes honnêtes et sensibles se trouvent entraînées comme par un mouvement sympathique.

La dénomination qu'on lui a donnée d'enfant du *miracle* est pleine de justesse, et il n'appartient qu'à la puissance de la divine Providence d'avoir conservé ce prince dans le sein de sa mère, assez protégée du ciel pour que l'assassinat de son mari, consommé sous ses yeux, n'opérât sur elle *physiquement* aucun accident fâcheux.

Cet enfant était véritablement un don de Dieu, qui veillait sur ses jours, car de misérables sicaires, vendus on ne sait trop à quel parti, et qui avaient mission de détruire la branche aînée des Bourbons, en commençant par les plus jeunes tiges, devaient encore faire de nouvelles et criminelles tentatives pour l'anéantir, avant même

d'argent avaient lieu dans les différens quartiers de Paris, par les soins des bureaux de charité.

qu'il eût pris naissance. Mais quelque adroitement combinées qu'elles fussent, ces détestables et horribles trames devaient être déjouées par la Providence.

Ainsi, dans la nuit du 28 au 29 avril 1820, vers minuit, une détonation semblable à celle que produirait une petite pièce d'artillerie, se fit inopinément entendre sous l'un des guichets de la nouvelle galerie du Louvre attenante aux appartemens de Madame la duchesse de Berri. Le bruit soudain de cette explosion, à une heure aussi avancée, excita une alarme générale dans tout ce quartier de la capitale, et surtout aux Tuileries, une agitation universelle. La garde se rendit à l'endroit même, et on reconnut facilement le but coupable de l'auteur d'un pareil attentat, qui, pour frapper plus sûrement les oreilles de Madame la duchesse de Berri, et détruire, par un accouchement anticipé, les espérances de la patrie, avait bien su choisir le lieu et le moment.

Dans cette situation, les agens de l'autorité redoublèrent de vigilance, et la plus rigoureuse surveillance fut ordonnée pour les environs du château.

Vers les premiers jours du mois de mai suivant, à une heure du matin, un individu fut arrêté en flagrant délit, au moment même où il mettait le feu, avec un cigare allumé, à une espèce de paquet qu'il avait déposé dans une des encoignures du même guichet.

On interrogea aussitôt l'individu arrêté, qui déclara se nommer Gravier, âgé de 31 ans, ancien militaire.

Ce fut un autre individu, nommé Leydet, qui dévoila à la police, à laquelle il était attaché en qualité d'*inspecteur*, les machinations ourdies par Gravier, Bouton, Legendre et autres complices, qui furent mis en jugement pardevant la cour d'assises de la Seine, le 27 octobre suivant. Après trois jours de débats, Gravier et Bouton furent condamnés à mort. S'étant pourvus en cassation, le lendemain du jour où le pourvoi contre l'arrêt qui les condamnait à la peine capitale fut rejeté, S. A. R. Madame la duchesse de Berri adressa au Roi la lettre suivante :

« Mon cher et bon oncle,

« Comme je ne puis voir le Roi aujourd'hui,
« je lui écris pour lui demander la grâce des
« deux malheureux qui ont été condamnés à
« mort hier, pour tentative contre ma per-
« sonne.

« Je serais au désespoir qu'il pût y avoir des
« Français qui mourussent pour moi.

« L'ange que je pleure, demandait en mou-
« rant la grâce de son meurtrier; il sera l'ar-
« bitre de ma vie. Me permettrez-vous, mon
« oncle, de l'imiter, et de supplier Votre Ma-
« jesté d'accorder la grâce de la vie à ces deux
« infortunés.

« L'auguste exemple du Roi nous a habitués
« à la clémence. Daignera-t-il permettre que
« les premiers instans de l'existence de mon
« Henri, de mon cher fils, du fils de la France,
« soient marqués par un pardon?

« Excusez, mon cher oncle, la liberté que
« j'ose prendre de vous ouvrir mon cœur; dans
« toutes les occasions, votre indulgente bonté
« m'y a encouragée.

« Je supplie le Roi d'excuser ma hardiesse,
« et de croire au respect aussi profond que les
« sentimens avec lesquels je suis,
  « De Votre Majesté,
    « la très humble, très obéissante
      « et très-soumise nièce,
        « Caroline. »

Louis XVIII accueillit la demande de son auguste nièce avec cette extrême bonté qui le caractérisait, et lui répondit que « le Roi était
« trop satisfait de la fidélité avec laquelle Ma-
« dame la duchesse de Berri avait rempli sa
« promesse de donner un héritier au trône;
« pour que son oncle pût lui refuser la grâce de
« la vie de deux hommes, demandée au nom
« de son petit-neveu. »

Le 11 décembre suivant, Gravier et Bouton furent conduits devant la chambre assemblée de la Cour royale. M. le premier président ayant ordonné qu'il fût donné lecture à la cour des lettres de grâce, quand le greffier, M. Carré, vieillard respectable, arriva au passage où le

Roi déclarait que c'était à la sollicitation de son auguste nièce qu'il accordait remise de la peine capitale aux condamnés, ses larmes le suffoquèrent tellement qu'il se vit obligé de suspendre sa lecture. Ce mouvement d'attendrissement passa dans l'auditoire, et fit battre les cœurs d'amour et de respect.

Voilà cependant les princes que des factieux ont répudiés, et qui tous les jours sont en butte aux plus atroces calomnies!....

A entendre leurs lâches détracteurs, cette branche aînée des Bourbons serait avide de sang et de despotisme; elle serait composée de membres ineptes, hors d'état de gouverner la France! Perfides et mensongères insinuations!

Il n'y a pas de rois contre lesquels on ait peut-être plus conspiré que contre les Bourbons, parce que les peuples, en général, comme le dit la fable, cherchent à renverser ce qui est bon, au risque de prendre ce qui est mauvais; et il n'y en a certainement pas qui aient donné de plus touchans exemples de bonté et de clémence, et sous le règne desquels on ait versé moins de sang.

L'histoire et huit siècles non interrompus de bonheur et de gloire, attestent assez, malgré l'inconstance des nations, que leur gouvernement était doux, paternel, et justement apprécié.

Louis XVIII était-il un prince inepte, un ennemi des libertés publiques?

La Charte, cette œuvre de sagesse et de profondes connaissances en économie politique, qu'il a composée lui-même dans son exil, et qu'il a offerte volontairement aux Français, et l'état florissant dans lequel il a mis notre beau pays, épuisé par les guerres et par les sacrifices de toute nature, ne prouvent-ils pas assez et son génie et ses principes libéraux! Son règne est un démenti formel à toutes ces viles accusations qu'ont semées à plaisir les fauteurs des désordres qui ont perdu la France.

Charles X qui, dès le commencement de son avènement au trône, a aboli la censure pour donner à la presse cette liberté qui a fini par dégénérer en licence, et par saper les fondemens de son trône, a-t-il été un roi despote ou absolu?

Jamais prince ne fut plus humain, plus généreux et plus clément, et cependant un parti révolutionnaire avait juré sa perte; les ordonnances fatales n'ont été qu'un prétexte pour en hâter l'instant, quoique ce ne fût que dans l'intention de prévenir de grands malheurs qu'il ait eu recours à ce moyen extrême.

La question de savoir s'il y a eu faute ou non dans la publication de ces ordonnances, est beaucoup trop grave pour que je me permette de la soulever ici; mais toujours est-il vrai de dire qu'en supposant même qu'il y ait eu faute, ce que je suis loin d'admettre, ses conséquences n'auraient jamais pu enfanter une révolution, ni donner lieu à l'effusion du sang, et encore moins à l'exhérédation d'Henri V de son trône légitime, si on en eût assuré le succès par la présence de forces imposantes, et si l'or et les coupables intrigues de conspirateurs et de factieux n'eussent agi avec une puissance efficace aux jours dits des barricades!....

CHAPITRE V.

reuve des vertus que possèdent les Bourbons de la branche aînée. — Madame la duchesse de Berri se charge de l'enfant d'une pauvre femme. — S. A. R. obtient la grâce d'un condamné et lui accorde un secours en argent. — La princesse visite l'Institution des jeunes aveugles, la forge de Pont-sur-Saulx, le Jardin du Roi, la Salpétrière. — Fondation de l'Hospice de Rosny. — Cénotaphe où est déposé le cœur de S. A. R. le duc de Berri. — MADAME, duchesse de Berri, assiste aux conférences de M. l'abbé Freyssinous. — S. A. R. visite l'infirmerie Marie-Thérèse.

J'ai dit, et tous les gens probes et de bonne foi sont d'accord sur ce point, qu'il n'y a pas de sortes de vertus qui ne soient dans le cœur de chacun des membres de l'illustre famille exilée. Lorsqu'ils disposaient des faveurs et des grâces, tous leurs actes étaient empreints de grandeur, de clémence ou de sensibilité.

Malgré la douleur que cause l'éloignement forcé de la patrie, malgré les chagrins cuisans dont on les abreuva, malgré l'ingratitude dont on paya leurs bienfaits, leur amour pour la France ne cessa d'être pur.

Je voudrais, tant mon cœur est plein de souvenirs touchans, pouvoir faire passer dans l'âme de mes lecteurs les sentimens d'admiration que m'inspire une famille que les Français ont tant aimée, et que des hommes entraînés et séduits ne craignent pas de calomnier aujourd'hui. Je n'aurais besoin, pour obtenir ce résultat, que de citer quelques-uns des actes, quelques-uns des traits de ces princes qu'un peuple égaré vient de bannir; mais je m'éloignerais trop de mon sujet.

C'est de Madame, duchesse de Berri, que je dois m'occuper. Je placerai ici le récit de plusieurs actions qui honorent son caractère, parce qu'elles ne sont point assez connues, et qu'elles sont de nature à justifier bien des regrets.

Un jour que la princesse sortait avec son auguste époux, une pauvre femme se présente à S. A. R. avec ses enfans. La plus jeune de ses filles s'approchant naïvement de Madame: « Je

« m'en suis chargée, dit S. A. R. en rougis-
« sant.—Bien, dit le prince à son tour, j'aime
« à vous voir augmenter notre famille. » Et
LL. AA. RR. emportèrent les bénédictions de
tous ceux qui étaient présens.

Un autre jour que Madame traversait, en calèche, le bois de Boulogne, et allait rejoindre ses
enfans à Bagatelle, une jeune femme enceinte
traverse l'escorte et s'élance vers S. A. R., qui
fait arrêter sa voiture. La jeune femme lui présente, d'une main tremblante, un placet; la
princesse l'ouvre sur-le-champ, le lit et répond,
avec un accent qui ajoute tant de prix au bienfait :

« Bon, mon enfant, j'en parlerai au Roi ;
« soyez tranquille, vous aurez promptement
« réponse. »

Il était aisé de deviner, à la généreuse solli-
tude de Madame, qu'il s'agissait de la grâce d'un
malheureux. En effet, le lendemain, le nommé
A*** avait reçu, avec sa liberté, un secours en
argent.

Quelques jours après, la princesse visita l'institution royale des jeunes aveugles, qui était alors placée dans l'ancien collége de Saint-Firmin.

S. A. R. fut reçue par M. le vicomte de Montmorency, administrateur de l'établissement, et il eut l'honneur de lui présenter l'agent-général, M. le baron de Kepper, ainsi que les professeurs, et les sœurs de la Charité préposées à l'économie de la maison.

Elle parcourut, dans le plus grand détail, l'établissement, et parut remarquer surtout les deux cellules autrefois occupées par Jean Calvin, le réformateur, et Saint-Vincent-de-Paule, le père des pauvres.

Les jeunes aveugles firent un exercice de leurs travaux, en exécutant divers morceaux de musique qui trouvaient une heureuse application dans ce jour de fête, tandis que d'autres élèves imprimaient un compliment qui fut offert à la princesse par une jeune fille aveugle. Enfin, un aveugle et un sourd-muet communiquèrent très-rapidement entre eux, au moyen du procédé imaginé par M. le docteur Guillié, leur vénérable maître. Les phrases qui servirent à cette communication avaient été données par S. A. R. à M. l'abbé Sicard. La princesse fut très satisfaite de tout ce qu'elle avait vu dans cette pieuse maison, consacrée au soulagement et à la consolation de l'infortune.

En partant, S. A. R. promit au respectable directeur et aux jeunes élèves, que lorsque Mgr. le duc de Bordeaux serait plus âgé, elle le mènerait aux Sourds-Muets pour apprendre sa grammaire. La princesse laissa en même temps des marques de sa munificence.

Un des élèves de l'institution, le jeune Berthier, adressa le lendemain, à Madame, la lettre suivante :

« Madame,

« Permettez que nous exprimions à Votre
« Altesse Royale la reconnaissance dont nous
« sommes vivement pénétrés pour la bonté que
« vous avez eue de daigner honorer l'institution
« de votre visite.

« Après avoir eu le bonheur de contempler les

« augustes traits de S. A. R., il ne nous restait
« qu'un vœu à former, c'est que vous daigniez
« accorder une petite place dans votre souvenir
« à ceux dont les cœurs, au défaut de la voix,
« béniront à jamais votre bonté. Soyez bien
« persuadée de la sincérité des souhaits que
« nous formons chaque jour pour la conserva-
« tion des jours précieux de votre fils bien-aimé.

« Un concert unanime de bénédictions s'é-
« lève à la fois des bouts de l'univers pour célé-
« brer la naissance de ce digne rejeton du sang
« des Bourbons, que nos vœux, comme ceux
« de toute la France, ne cessaient de demander
« au ciel, et qui sera à jamais l'objet de notre
« amour, comme il est celui de toutes nos espé-
« rances. »

Quand Madame la duchesse de Berri visita la forge de Pont-sur-Saulx, M. Roussel, propriétaire de cette belle usine, eut l'honneur de faire couler en fonte l'effigie de S. A. R. devant elle. Cet heureux à propos fixa l'attention de S. A. R., qui daigna s'exprimer à ce sujet en termes flatteurs. La princesse parut ensuite voir avec plaisir un feu d'artifice dans le hallage de la fonderie, composé d'étoiles de fonte. M. Roussel ayant dit :

« Votre Altesse Royale a la bonté d'encoura-
« ger les arts et l'industrie, de protéger le com-
« merce en visitant nos ateliers : mère de l'au-
« guste enfant qui doit régner un jour sur la
« France, elle l'est aussi de tous les Français. »

Madame lui répondit avec un sourire enchanteur :

« Eh! qui ne serait heureuse d'être la mère
« d'aussi braves gens. »

S. A. R. visita également le Jardin du Roi. MM. Desfontaines, Thouin et de Jussieu, admi-nistrateurs et professeurs, eurent l'honneur d'ac-compagner S. A. R. dans cette visite, qui dura plus de trois heures. Le temps était magnifique, et la princesse examina avec le plus grand détail les objets curieux qu'offre en si grand nombre ce jardin que les sciences naturelles embellissent à l'envi.

Elle adressa à MM. les professeurs, des ques-tions qui prouvaient combien l'esprit de la mère du nouveau Henri est délicat et cultivé. M. Thouin eut l'idée d'offrir à S. A. R. un bouquet composé des fleurs les plus rares qu'elle venait d'examiner. MADAME accueillit cet hommage avec la grâce qui la caractérise. Un public empressé et respectueux s'était porté sur ses pas, et chacun témoignait sa joie de voir la santé de l'auguste mère de Mgr. le duc de Bordeaux, si parfaitement rétablie.

MADAME continua toujours, avec une persévérance bien digne du sang des Bourbons, les visites qu'elle avait commencées dans les asiles du malheur et de l'indigence.

Elle se rendit à l'hospice de la Salpêtrière, et fut reçue à son arrivée par M. le marquis de Pastoret, pair de France, membre du conseil des hospices, chargé de la surveillance spéciale de cette maison ; par M. le duc de Doudeauville, et par M. le comte de Bigot, aussi membre de la commission administrative, dans les attributions duquel se trouve l'hospice de la Salpêtrière.

S. A. R. était accompagnée de M. le duc de Lévis, son chevalier d'honneur, de Mme la comtesse de Noailles, sa dame d'honneur, et de Mme la marquise de Gourgues.

Dès son entrée dans cet établissement, la princesse fut conduite à l'église, où la reçut le clergé de la maison. Arrivée au pied de l'autel, elle s'est prosternée et a fait sa prière.

On a chanté ensuite l'*exaudiat*, le *Domine salvum*, etc., et elle a reçu la bénédiction.

La princesse a commencé la visite de la maison ; elle a successivement parcouru les divisions des *reposantes*, des *grandes infirmes*, des septuagénaires et des malades ; partout elle a donné des marques du plus grand intérêt et d'une profonde sensibilité.

Arrivée au lieu où se tiennent les aliénés, S. A. R. l'a parcouru avec une fermeté vraiment au-dessus des facultés de son sexe, et l'on apercevait dans ses regards, dans son maintien, et par les questions qu'elle adressait fréquemment à M. le docteur Esquirol, qu'elle développait une résolution, que ses intentions bienfaisantes soutenaient sans doute contre des forces bien inférieures à son courage.

Madame a vu avec un véritable intérêt les dispositions déjà pratiquées pour construire un bâtiment destiné aux aliénés qui peuvent donner des espérances de guérison ; elle a applaudi à ces mesures, que réclamait depuis long-temps l'humanité.

En traversant les dortoirs des grandes infirmeries, lorsqu'elle a été dans la salle des aveugles, touchée de l'émotion qu'occasionnait sa présence, son intérêt généreux pour les pauvres s'est manifesté d'une manière toute particulière ; la princesse s'est arrêtée auprès de plusieurs d'entre elles pour leur adresser des paroles de consolation.

Elle a voulu visiter en détail toutes les parties de l'hospice, telles que les magasins des étoffes, la lingerie, la pharmacie et la cuisine, où elle s'est fait un plaisir de goûter le bouillon.

S. A. R. était entrée à la Salpétrière avant deux heures, et elle n'en sortit que lorsque la nuit la força de terminer sa visite. Avant de partir elle fit délivrer à M. Desportes la somme de mille francs, pour être distribuée aux indigens de l'établissement, et leur rappeler le bonheur dont ils jouirent ce jour-là.

MM. les fonctionnaires et administrateurs présens, ainsi que toutes les personnes employées dans ce lieu de charité, accompagnèrent la princesse jusqu'à sa voiture.

Elle partit aux cris mille fois répétés de *Vive le Roi! Vive Madame la duchesse de Berri! Vivent les Bourbons!*

Madame avait fondé en 1820, à Rosny, un hospice sous l'invocation de Saint-Charles-Borromée. Ce monument de piété et de charité entièrement terminé, la bénédiction de la chapelle et l'inauguration de la statue eurent lieu. Ce fut le 18 mars 1824.

Les évêques de Chartres et d'Amiens, qui présidaient à cette édifiante solennité, allèrent recevoir l'auguste fondatrice à l'entrée de la chapelle. Mgr. l'évêque de Chartres prononça un discours, et la princesse fut conduite par ces deux prélats au prie-dieu qui lui avait été préparé.

A la fin du même mois eut lieu la translation

du cœur de S. A. R. le duc de Berri. Ce cœur, qui avait été le sanctuaire des plus éminentes qualités, fut déposé dans un cénotaphe de marbre blanc. Sur ce cénotaphe, dont la hauteur est de dix pieds, s'élève la statue de Saint-Charles-Borromée, patron du prince. Son attitude est celle d'un ministre de Dieu, donnant la bénédiction.

On lit, sur le piédestal, l'inscription suivante :

ICI
EST DÉPOSÉ LE CŒUR
DE
C.-F. D'ARTOIS, DUC DE BERRI,
DIGNE FILS DE SAINT-LOUIS
ET DU GRAND HENRI.
IL EUT LA VALEUR ET LA VERTU
DE SON AUGUSTE RACE.
PÈRE DES PAUVRES,
APPUI DES MALHEUREUX ;
IL PÉRIT AVANT L'AGE
SOUS LE POIGNARD DES FACTIEUX.
SA MORT FUT HÉROÏQUE.

Cette sainte cérémonie, dont l'objet était si touchant par tous les souvenirs qu'elle retraçait, fit une profonde impression sur le petit nombre de fidèles quie n furent témoins.

Madame assista, au mois d'avril 1821, à l'une des conférences de M. l'abbé Freyssinous.

L'auditoire était immense.

L'orateur chrétien prouva la divinité de notre sainte religion par son établissement même, qui est un vrai miracle. Il réfuta victorieusement ce que les philosophes de tous les temps ont dit pour attribuer les progrès du christianisme à de simples motifs humains. Il prouva que la religion chrétienne, montée sur le trône des Francs avec Clovis, consolidée par Charlemagne, honorée par Saint-Louis et la longue suite des successeurs de ce Roi, est destinée à sortir triomphante de toutes les difficultés, et des épreuves nouvelles qu'on lui suscite. Il en cita pour preuve la naissance du prince Dieudonné, duc de Bordeaux, né d'une jeune héroïne plus admirable que Jeanne d'Albret, et qui est formée elle-même du sang de Louis XIV et de Marie-Thérèse d'Autriche.

« Ce jeune prince, continua l'orateur, n'ou-

« bliera jamais les prodiges du ciel en sa faveur,
« et qu'il ne règne que par celui qui fait régner
« les rois. »

A peine M. Freyssinous avait-il fini son discours que ses nombreux auditeurs se précipitèrent sur les pas de S. A. R.; et dès qu'elle fut hors de l'église, l'air retentit des acclamations de *Vive le Roi ! Vive Madame la duchesse de Berri ! Vive le duc de Bordeaux ! Vivent les Bourbons !*

La voiture de la princesse pouvait à peine se frayer un chemin, et Madame elle-même, profondément attendrie, ne pouvait que saluer.

S. A. R. honora de sa présence l'*Infirmerie de Marie-Thérèse*. Ce nouvel asile, que la religion ouvrit au malheur, parut vivement intéresser la princesse. Elle fut reçue par Mme la vicomtesse de Châteaubriand, qui consacre tous ses soins à cet hospice, par les conseillers de l'établissement, MM. de Lévis, de Santot, de Polignac, de Châteaubriand, MM. les docteurs Lucas et Charpentier, par l'aumônier et les sœurs de charité attachés à l'hospice.

Au moment où la princesse allait se retirer au milieu des vœux et des bénédictions qui l'accompagnaient toujours dans ses pieuses visites, M. le vicomte de Châteaubriand lui demanda la permission de lui offrir de l'eau du Jourdain, qu'il avait lui-même puisée dans ce fleuve.

Cette eau parfaitement conservée était renfermée dans un de ces vases de ferblanc que les pélerins prennent au couvent de Saint-Sauveur à Jérusalem, et qui, scellé avec du plomb fondu, ne laisse aucun passage à l'air extérieur qui pourrait la corrompre.

Notre plus célèbre écrivain fit encore hommage à la princesse, au nom d'un voyageur anglais, d'un petit flacon de cristal, également rempli d'eau du Jourdain; Madame daigna agréer la double offrande pour servir au baptême de Mgr. le duc de Bordeaux.

Je ne terminerais pas ce chapitre si je devais analiser toutes les autres visites de l'auguste princesse dans les divers lieux consacrés à l'indigence.

Se dérobant souvent à l'étiquette de la cour,

et se cachant sous les vêtemens les plus modestes, elle s'introduisait dans les familles pauvres pour y répandre des bienfaits et des consolations; elle faisait consister son orgueil et sa félicité à soulager l'infortune et à sécher les pleurs des malheureux. Douée d'une sensibilité exquise, elle mêlait ses larmes à celles qu'elle voyait répandre ; elle s'identifiait avec la triste position de ceux qu'elle soulageait si généreusement, et ne se retirait contente d'elle-même, que lorsqu'elle croyait avoir rempli fidèlement ses devoirs de chrétienne.

O femme sublime, au-dessus de tous les éloges, la Providence veille sur toi!.... Dieu t'accordera la récompense due à tes nobles sentimens de piété et de charité, et le souffle empoisonné de la calomnie ne pourra pas plus t'atteindre que les mains impures et impuissantes des satellites envoyés à ta poursuite, qui, pour prix de tant de vertus et de tant de bienfaits, voudraient t'immoler et se baigner dans ton sang!....

CHAPITRE VI.

Les factieux conspirent contre le trône de Charles X. — Nécessité des ordonnances du 25 juillet. — Les Parisiens combattent contre les troupes du roi. Ils arborent le drapeau tricolore après s'être rendus maître de l'Hôtel-de-Ville. — Ordre du jour à l'armée par S. A. R. le Dauphin.

Cependant, tant de vertus et de bonté dans nos princes ne les garantirent pas des plus grands malheurs.

Les factieux, qui avaient naguère conspiré la perte de tous les trônes pour s'emparer du pouvoir, s'agitaient en tout sens pour renverser celui de S. M. Charles X.

La licence effrayante à laquelle se livrait la presse, devenue libre par le seul fait de la généreuse volonté de ce monarque, et les polémiques audacieuses et attentatoires aux droits de la couronne qu'établissaient avec cynisme dans l'enceinte des chambres les membres d'une opposition presque révolutionnaire, jetèrent l'effroi dans l'esprit des ministres, qui, ne croyant pouvoir conjurer autrement les dangers qui menaçaient le trône, proposèrent à S. M. l'ordonnance de dissolution des chambres et celle de la suspension de la liberté de la presse. Le Roi, pressé par l'imminence du danger, n'hésita pas à adopter une proposition qu'il croyait toute dans l'intérêt de la tranquillité, ne pouvant prévoir les maux dont seraient le prétexte les fatales ordonnances qu'il signa le 25 juillet 1830, et qui devinrent, dans les mains de ses ennemis, un drapeau d'insurrection.

Lorsque le *Moniteur* les eut fait connaître, les mécontens, les factieux, les traîtres, les ambitieux, les faiseurs de conspirations et de révolutions se réunirent, appelant à eux ces Séïdes de carrefours qu'on nommait sans-culottes en 93, criant *à la violation de la Charte*, quoique, en fait comme en droit, ces ordonnances, quelque rigoureuses qu'elles fussent, n'eussent réellement rien de contraire à cette Charte, qui donnait au Roi l'exercice d'un pouvoir dont il ne faisait qu'user. Les conspirateurs, car c'est ainsi qu'il faut nommer les fauteurs des crimes et des désordres de juillet, firent entendre au peuple étonné, à ce peuple qui était redevable de quinze ans de bonheur et de paix à ses princes, et qui, quelques jours auparavant, les saluait de ses vœux et de ses acclamations, que ces ordonnances étaient violatrices de ses libertés et annonçaient la volonté de revenir à un régime détruit par le concours de Louis-le-Martyr.

Les masses s'agitèrent, le flot des criards grossit, et le peuple qui, malgré les progrès des lumières, ne sait pas toujours se garantir des pièges que la malveillance tend à sa crédulité, séduit par les grands mots de *liberté*, de *souveraineté*, par les belles promesses d'un *bonheur à venir* qu'on ne manquait pas de lui faire entrevoir dans un nouvel ordre de choses, et probablement aussi entraîné par l'or qu'on faisait briller à ses yeux, se lança dans l'arène et fit, au profit de ceux qui la confisquèrent, cette révolution dite *des trois jours,* dont les conséquences ont été pour lui si favorables, ainsi qu'il l'a vu depuis !...

Comme je n'écris pas l'histoire de cette révolution, je laisserai à ceux qui se chargeront de ce soin l'honneur de révéler les beaux faits d'armes de ces héros, et je me bornerai à faire connaître à mes lecteurs le détail de ce qui se passait à la cour de S. M. Charles X, pendant et après ces déplorables journées.

Les ordonnances qui, en trois jours, ont renversé un trône consacré par huit siècles de bonheur et de gloire, et jeté de nouveau sur la terre de l'exil une famille malheureuse, parurent dans le *Moniteur* du 26 juillet. Elles produisirent à la cour des impressions diverses, selon les intérêts ou les passions.

Le Roi partit à neuf heures du matin pour aller chasser à Rambouillet.

On apprit le 27 juillet que Paris était en mouvement, que des rassemblemens avaient eu lieu, que la garde était sous les armes. Dans cette journée de nouveaux renseignemens parvinrent. L'opposition prenait un caractère plus grave qu'onne l'avait cru d'abord.

On sut que les troupes avaient commencé le feu.

On continuait de se battre à Paris le 28, et les nouvelles les plus contradictoires circulaient à Saint-Cloud. On y disait que si la résistance se prolongeait dans la capitale, c'est que M. Laffitte avait donné un million pour faire la révolution; que l'or circulait dans les rangs du peuple, et que c'était ainsi qu'on était parvenu à mettre en avant les ouvriers. Paris fut déclaré en état de siége, et toutes les troupes placées sous les ordres du maréchal Marmont duc de Raguse. A trois heures on fut informé que le peuple s'était emparé de l'Hôtel-de-Ville, qu'il avait arboré sur le faîte de cet édifice le drapeau tricolore, et qu'un gouvernement provisoire venait de s'établir. Cette nouvelle commença à attiédir un peu les espérances. Pourtant on comptait toujours sur les troupes, sur l'avantage que la discipline devait leur donner; mais quand le bruit parvint que le général Gérard et le général Lamarque s'étaient mis à la tête du mouvement, cette confiance fit place à l'abattement. Elle se releva cependant le soir, quand on vint proclamer que les troupes l'avaient emporté sur tous les points, et que trente-deux membres du gouvernement provisoire avaient été arrêtés et conduits à Vincennes.

Ce même jour, vers midi, un honnête homme, un homme d'honneur, témoin des massacres de Paris, épouvanté de cette horrible boucherie, court à Saint-Cloud, y parvient à travers mille obstacles, demande à parler au Roi, est introduit près de Sa Majesté par le duc de Luxembourg, et lui expose le tableau vrai et animé de ce qui se passe dans la capitale. Le Roi ne put pas croire que ce récit fût fidèle. « Vous exagérez le
« mal, dit-il à celui qui lui faisait entendre la
« vérité.

« — J'exagère si peu, Sire, répartit ce fidèle su-
« jet, que si dans trois heures Votre Majesté n'a
« pas traité, la couronne qu'elle porte ne sera
« malheureusement plus sur sa tête. »

Ce personnage est, assure-t-on, M. le baron Weyler de Navas, sous-intendant de la maison militaire (1).

Le jeudi matin, 29 juillet, à huit heures, les ministres arrivèrent tous, en bourgeois, dans une voiture sans armoiries et escortée par un peloton de lanciers en avant et un autre peloton en arrière. Cette arrivée contrasta avec le bruit qui se répandit que le peuple avait été

---

(1) Quelques personnes bien instruites prétendent que cette démarche a été faite par M. le général Coëtlosquet, alors chef du personnel au ministère de la guerre. Il serait possible, il serait même probable que deux hommes de cœur et de dévouement se fussent rencontrés dans la même pensée.

Le duc de Maillé, le duc de Mouchy, et plusieurs autres personnages avaient hasardé le conseil de négocier ; mais le Roi leur avait répondu à tous :

« C'est vraiment être en butte à une crainte pusilla-
« nime : le prince de Polignac, le comte de Peyronnet
« et le duc de Raguse répondent du succès ; soyez donc
« tranquilles, tout ira bien. »

Paroles qui confirment toute la bonne foi de S. M., et la confiance qu'il avait en ses ministres.

chassé de l'Hôtel-de-Ville, et rejeté sur le Luxembourg, où le feu continuait.

Une pareille nouvelle, jointe à celle de l'arrestation des membres du gouvernement provisoire, ramena la joie dans quelques esprits ; mais à deux heures, quand on sut l'évacuation de Paris par les troupes royales, le découragement reparut chez ces mêmes personnages, et l'on fit des préparatifs de départ. Des gardes firent porter en ville leurs malles, craignant le pillage de l'hôtel, lorsqu'il serait évacué.

Le quartier des gardes, pendant toute cette journée, présenta l'image du plus grand désordre. Déjà, depuis deux jours, il offrait dans son enceinte rétrécie l'aspect d'un camp; les diverses compagnies étant venues de Paris, de Versailles et de Saint-Germain, se concentrèrent à Saint-Cloud.

Les chevaux bivouaquaient déjà dans la cour, sellés et chargés, depuis le mardi. L'école spéciale militaire de Saint-Cyr, qui avait demandé à se joindre aux défenseurs du roi, arriva avec ses canons. Sa Majesté et Madame, duchesse de

Berri, furent au-devant de ces jeunes gens qui s'établirent dans l'Orangerie. Pendant ce temps, M. le Dauphin, escorté par un détachement de gardes-du-corps et de gendarmes-des-chasses, était allé dans le bois de Boulogne passer la revue des troupes qui revenaient de Paris. L'armée se concentra dans le parc, avec une tête de colonne qui protégeait les ponts de Sèvres et de Saint-Cloud. Des patrouilles nombreuses parcouraient les environs; les gardes-du-corps fournissaient celles qui allaient éclairer jusqu'à Neuilly.

Le soir, vers six ou sept heures, on entendit le canon que l'on tirait aux Invalides. Quelques personnes prétendaient que c'était ces vieux militaires qui ne voulaient pas se rendre, et se défendaient contre le peuple. On apprit plus tard que c'était, au contraire, les Parisiens qui célébraient leur victoire.

On sut alors que M. le duc de Mortemart était parti depuis la veille pour Paris, avec les pouvoirs du Roi et le titre de premier ministre.

Bientôt le bruit se répandit qu'à Paris la garde

nationale et les citoyens se battaient entre eux ; la première pour empêcher le pillage auquel les seconds se livraient, après avoir refusé les offres de M. Laffitte, qui avait proposé 14 millions pour racheter la ville.

Au milieu des récits contradictoires, des événemens qui se pressaient et se succédaient avec tant de rapidité, des murmures s'élevaient dans l'armée. Les officiers accusaient hautement de trahison le général Marmont. Ils prétendaient qu'il avait agi mollement ; que des régimens entiers étaient restés jusqu'à trente-huit heures sans ordres, et exposés au feu des Parisiens. Enfin, ils parlaient de sa conduite en 1814, la comparaient à celle qu'il avait tenue pendant les troubles, et l'on mettait encore en avant l'influence de l'or de M. Laffitte.

Le soir on lut aux troupes une proclamation du maréchal, qui annonçait que tout était fini, que le Roi avait abdiqué, que le Dauphin lui succédait, et que cet arrangement était approuvé par le peuple de Paris.

Il paraît que ce fut cette proclamation (que

le maréchal avait cru devoir publier pour calmer l'effervescence qui se manifestait déjà dans quelques corps) qui motiva la scène que M. le Dauphin lui fit, et qu'il termina en l'appelant traître et en lui demandant son épée, que le maréchal lui rendit. Détenu une demi-heure sous la surveillance d'un brigadier et de quatre gardes-du-corps, le Roi le fit ensuite appeler, et les motifs qu'il donna lui valurent, dit-on, une réparation et des excuses de M. le Dauphin.

Le 31 juillet, les gardes-du-corps reçurent l'ordre de brider, de sortir et de monter à cheval sans bruit, le Roi se disposant à quitter St.-Cloud.

A trois heures et demie les voitures de la cour parurent; le Roi était dans la dernière; à la portière de gauche était le maréchal Marmont, à cheval.

Cette royauté, si belle et si puissante quelques jours auparavant, cette retraite qui commençait comme celle de 1815, ce roi naguère entouré de courtisans à gros gages et réduit maintenant à l'escorte de quelques soldats fidèles à leur serment et à leur devoir, ce jeune prince que l'on saluait la veille encore du titre d'héritier de la belle couronne de France, cette jeune princesse, ange de grace et de bonté, et auprès d'eux leur mère, être angélique, adoré, dont le séjour en France n'a été marqué que par les bienfaits qu'elle y a répandus; tout ce malheur, qui frappait une auguste famille, trompée, trahie, mais innocente du mal qui avait été fait, serrait le cœur et ne laissait de place qu'aux plus tristes pensées.

Le Roi s'etablit provisoirement à Trianon, où l'armée, qui venait d'opérer son mouvement de retraite, arriva successivement; vers midi M. le Dauphin se montra, et une heure après on partit pour Rambouillet. Un peu en avant de cette ville on fit une halte. Le Roi, qui était venu à cheval depuis Trianon, à la tête de la compagnie de Luxembourg, passa devant les gardes-du-corps pour voir un instant ses enfans. La compagnie qui marchait derrière les voitures des princes, reçut l'ordre, quand on continua le mouvement de marche, de les dépasser. Lorsque cette compagnie arriva à la hauteur de celle de

Madame, S. A. R., qui avait pris le costume d'homme, se plaça sur le marche-pied pour voir défiler; elle saluait affectueusement ces braves, et semblait les remercier de l'appui que, dans ce triste moment, ils prêtaient tant à elle qu'à ses enfans, dont elle s'occupait avec une si touchante sollicitude. Cette bonne princesse, contre laquelle nulle plainte ne s'éleva jamais, qui fut toujours accessible aux larmes du malheur, et qui faisait tout le bien que son revenu lui permettait de faire, emporta d'unanimes regrets.

On entra dans Rambouillet entre neuf et dix heures du soir.

Le lendemain matin, Madame la Dauphine se réunit à son auguste famille. Son arrivée calma bien des inquiétudes, bien des craintes; car, dès avant le départ de Saint-Cloud, tout le monde tremblait pour cette auguste princesse, dont le caractère noble et bienfaisant a été calomnié par des gens qui ne l'ont jamais approchée, et qui sauraient, s'ils avaient eu le bonheur de respirer auprès d'elle, combien elle était bonne, douce et bienfaisante.

Sa prévision avait deviné le mal que devaient produire les fatales ordonnances ; et il est prouvé aujourd'hui que ce n'est pas de son plein gré que S. A. R. avait été à Vichy, mais bien par ordre exprès de Charles X, auquel le ministère avait demandé cette espèce d'exil. Telle était, hélas ! sa fatale influence sur l'esprit du monarque, qu'il l'avait obtenu sans opposition.

Dans la journée, on fit circuler dans le camp la nouvelle que le Roi et le Dauphin abdiquaient, et que Mgr. le duc de Bordeaux était roi, sous la régence du duc d'Orléans.

Cette nouvelle produisit une joie universelle ; elle semblait de nature à concilier toutes les opinions, à ramener tous les partis.

M. le Dauphin, généralissime de l'armée, fit publier l'ordre du jour suivant :

« Le Roi informe l'armée, d'une manière
« officielle, qu'il est entré en arrangement avec
« le gouvernement provisoire, et tout porte à
« croire que cet arrangement est sur le point
« de se conclure. S. M. porte cette nouvelle à

« la connaissance de l'armée, afin de calmer
« l'agitation que quelques régimens ont mon-
« trée. L'armée sentira qu'elle doit rester calme,
« impassible, et attendre les événemens avec
« tranquillité.
            « *Signé* Louis-Antoine.
     « Par S. A. R., l'aide-major-général,
            « *Signé* baron de Gressot. »

Et, en effet, dès le matin le Roi avait écrit au duc d'Orléans, *lieutenant-général du royaume*, une lettre ainsi conçue :

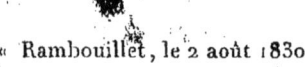

« Rambouillet, le 2 août 1830.

   « Mon cousin,
« Je suis trop profondément peiné des maux
« qui affligent ou qui pourraient menacer mes
« peuples, pour n'avoir pas cherché un moyen
« de les prévenir. J'ai donc pris la résolution
« d'abdiquer la couronne, en faveur de mon
« petit-fils le duc de Bordeaux.
   « Le Dauphin, qui partage mes sentimens,

« renonce aussi à ses droits en faveur de son
« neveu.

« Vous aurez, en votre qualité de lieutenant-
« général du royaume, à faire proclamer l'avè-
« nement de Henri V à la couronne. Vous pren-
« drez, d'ailleurs, toutes les mesures qui vous
« concernent pour régler les formes du nou-
« veau gouvernement pendant la minorité du
« nouveau roi. Ici, je me borne à faire connaître
« ces dispositions, c'est un moyen d'éviter en-
« core bien des maux.

« Vous communiquerez mes intentions au
« corps diplomatique, et vous me ferez con-
« naître le plus tôt possible la proclamation par
« laquelle mon petit-fils sera reconnu roi, sous
« le nom de Henri V.

« Je charge le lieutenant-général comte de
« Foissac-Latour de vous remettre cette lettre.
« Il a ordre de s'entendre avec vous pour les
« arrangemens à prendre en faveur des per-
« sonnes qui m'ont accompagné, ainsi que pour
« les arrangemens convenables pour ce qui
« me concerne et le reste de ma famille.

« Nous réglerons ensuite les autres mesures
« qui seront la conséquence du changement de
« règne.

« Je vous renouvelle, mon cousin, l'assu-
« rance des sentimens, avec lesquels je suis
« votre affectionné cousin,

« *Signé*, Charles.
« *Signé*, Louis-Antoine. »

Lorsque tant de preuves de confiance furent données au duc d'Orléans, devait-il en abuser, et ne se servir de cet honorable message, que pour placer sur sa tête la couronne d'Henri V ?

S'il croyait avoir des droits à cette même couronne, par l'abdication du Roi et celle du Dauphin en faveur de Mgr. le duc de Bordeaux, pourquoi, en remettant cet acte aux Chambres, ne protestait-il pas contre sa prétendue illégitimité ? C'eût été le moment ou jamais.

Donc, il a reconnu, par son silence, qu'Henri V était bien son roi légitime.

A-t-il ou non forfait à sa dignité de prince du sang ?

CHAPITRE VII.

L'abdication en faveur de Mgr. le duc de Bordeaux restée sans suites par la trahison. — MADAME veut présenter son fils au peuple. Le roi s'y oppose. — Voyage à Cherbourg. — Embarquement pour l'Angleterre. Sentimens de MADAME. — Ses entretiens avec M. de ***. — Rêve de S. A. R. le duc de Bordeaux. Heureuse répartie de ce prince. — Conversation avec sa mère. — Visite à un républicain. MADAME le convertit. — Mot spirituel de MADEMOISELLE sur son frère. — Opinion favorable de MADAME sur M. de Châteaubriand.

L'ABDICATION du Roi et du Dauphin en faveur de Mgr. le duc de Bordeaux avait été remise aux chambres par le duc d'Orléans, lieutenant-général du royaume, qui en avait ordonné, le 3 août, l'insertion au *Moniteur*, et le dépôt dans les archives de la Chambre des pairs; mais les perfidies, les trahisons avaient été si bien ourdies, si artificieusement combinées par les hommes qui avaient fait la révolution et ceux au profit desquels elle devait être exploitée, qu'on parvint à ravir au jeune prince la couronne qui lui appartenait alors et qui lui appartient encore.

S. A. R. Madame, duchesse de Berri, dont le courage et l'héroïsme ne demeurèrent jamais stériles lorsqu'il s'est agi de défendre les droits de son fils, se trouvant, le 28 juillet, à la lanterne de Diogène, à Saint-Cloud, et apercevant les drapeaux tricolores qui flottaient sur les édifices de la capitale, demanda instamment à Charles X la permission de se rendre à Paris et de présenter son royal enfant à ce peuple qui avait salué sa naissance par des cris d'une joie si unanime : elle pensait que l'affection qu'il réveillerait dans tous les cœurs serait vive et produirait un effet magique, dont le résultat serait, en remettant la couronne sur sa tête, de désarmer tous les partis et de rétablir la paix et le bon ordre, qu'il aurait assurés par des garanties données de bonne foi et consacrées par un choix de ministres en homogénéité avec les besoins, les exigences et les sympathies du pays.

Ce projet, bien digne de la petite-fille de

Marie-Thérèse, aurait probablement été couronné d'un plein succès; mais malheureusement le Roi ne l'approuva pas, et il resta sans exécution.

Cette illustre famille, pour éviter les fléaux de la guerre civile, quoiqu'ayant encore un assez grand nombre de fidèles soldats dévoués à sa cause sacrée, préféra revoir pour la troisième fois la terre de l'exil, plutôt que de régner par l'effusion du sang français.

Elle se dirigea donc sur Cherbourg, où elle s'embarqua pour l'Angleterre, qui lui assigna comme retraite le château d'Holy-Rood, près Édimbourg en Écosse.

La résignation pleine de dignité et de noblesse de ces princes malheureux pendant ce pénible voyage, a pénétré de respect et d'admiration les serviteurs dévoués qui formèrent leur escorte, et qui ne s'en séparèrent qu'après en avoir reçu mille témoignages de bonté et avoir répandu des larmes abondantes.

Quelques-uns d'entre eux furent assez heureux pour rester attachés au service de Sa Majesté et de LL. AA. RR. et partager leur exil à Holy-Rood. De ce nombre fut un jeune garde-du-corps, qui abandonna aux pêcheurs un cheval de deux cents louis, pour se procurer une légère barque sur laquelle il risqua cent fois sa vie, afin de rejoindre le paquebot américain *Great-Britain*, que montaient ses maîtres, et de leur offrir ses services et son dévouement, qui furent accueillis avec gratitude.

Madame, duchesse de Berri, lui témoignait particulièrement beaucoup de confiance, et s'entretenait familièrement avec lui lorsqu'elle n'était pas en proie à sa douleur déchirante; car, souvent, des pleurs s'échappaient de ses yeux sans qu'elle cherchât à les retenir. Et pourquoi aurait-elle dissimulé ce désespoir si légitime? C'était une mère qui pleurait sur son fils; elle voyait tout-à-coup disparaître le brillant avenir qu'elle lui avait cru jusque-là réservé. Son cœur était brisé en pensant que sa postérité serait peut-être exclue à jamais du trône de Henri-le-Grand; qu'elle n'entendrait jamais le nom de Henri V proclamé avec gloire et amour par les

Français. L'exil et l'oubli, voilà ce que lui promettait l'avenir : était-ce ainsi que devaient s'évanouir de si beaux rêves !

Bonne, bienfaisante, nul, jusqu'à ce jour, n'avait prononcé son nom que pour le bénir.

Étrangère à tous les partis, il lui semblait que quiconque aimerait et servirait son fils serait dès ce moment royaliste. Elle protégeait les arts et les artistes, s'entourait des chefs-d'œuvre, et payait honorablement les productions plus faibles, prouvant par là qu'en faisant éclater le goût du beau, elle n'avait pas moins le désir d'encourager des talens moins heureux.

C'était la meilleure, la plus gracieuse des maîtresses; elle se faisait adorer dans son intérieur. Que lui manquait-il? Rien, sans doute, si elle eût été mieux connue, et si ceux qui ont contribué à la perdre ne l'eussent environnée trop souvent de leurs opinions et de leurs préjugés.

Pendant la traversée, la famille royale contemplait l'île de Wight, dont l'aspect est enchanteur dans cette saison. « Cela ne vaut pas notre belle France », dit Madame en soupirant.

S. A. R. disait à M. de ✱✱✱, ce garde-du-corps dont je viens de parler :

« La mer est calme; mais qu'elle est facile
« à soulever ! — C'est l'image du peuple. — Ah !
« Monsieur, qui nous aurait dit, le 25 juillet au
« matin, que cinq jours après ?..... »

Des larmes abondantes empêchèrent la princesse de poursuivre..... S. A. R. reprit enfin :

« On punit mon fils, qui n'est point cou-
« pable, et moi on me punit aussi. Qu'a-t-on
« cependant à me reprocher ? On ne sait donc
« point en France que depuis mon veuvage on
« ne m'a jamais consultée; que j'ai été forcée
« de me taire lorsque j'aurais cru devoir par-
« ler; et je suis condamnée à vivre maintenant
« dans l'exil et à mourir sans voir mon fils roi
« de France !.... »

Ces tristes pensées influaient d'une manière pénible sur le moral de la princesse; elle n'en était distraite que par les réparties souvent pleines de finesse et de grace de Mademoiselle et de Mgr. le duc de Bordeaux.

Au moment où le convoi maritime de l'auguste famille se dirigeait vers Portsmouth sur Spithead, ce jeune prince, qui prenait un vif intérêt à la manœuvre, questionnait les matelots avec une rare intelligence, et embarrassait parfois étrangement son gouverneur. Ce jour-là il dit aux assistans :

« J'ai rêvé de la France toute la nuit. Mon
« Dieu, comme je l'aime! Ah! si elle me le
« rendait, nous serions tous bien heureux! »

Il y eut là un imprudent qui se permit de dire :

« En tout cas, Monseigneur, quand vous y
« reviendrez, souvenez-vous de l'adage : *Qui*
« *aime bien châtie bien.* »

« — Fi, Monsieur, répondit le prince avec vi-
« vacité, quand on revoit ceux qu'on chérit, on
« les embrasse et on ne songe point à les punir. »

Lorsqu'on rapporta cette anecdote à S. A. R., elle ajouta :

« Voilà l'esprit d'un grand nombre de ceux
« qui nous entourent; ils cherchent constam-
« ment à semer la zizanie entre nous, et le

« peuple. Punir la nation! oh jamais! Si la Pro-
« vidence vient un jour à notre secours, l'oubli
« du passé sera ma seule règle de conduite. »

M. de *** faisant entrevoir à MADAME des jours de gloire et de prospérité, la princesse lui répondit :

« Monsieur, nous ne trouverons le bon-
« heur qu'en France, lorsque la paix faite entre
« nous et le peuple me permettra de tout ré-
« parer. J'ai besoin de revoir Paris, Rosny,
« mes pensionnaires et mon hospice. Je tâcherai
« cependant, quoique absente, d'envoyer des
« secours à ceux dont la situation en réclame.
« Je ne suis pas riche, à la vérité ; mais en sou-
« lageant des infortunés, j'ai contracté envers
« eux l'obligation de ne point les laisser re-
« tomber complètement dans la misère. »

Ces paroles furent prononcées avec une expression céleste de bonté et de tristesse. Mgr. le duc de Bordeaux rejoignit son auguste mère dans ce moment : il avait l'air soucieux aussi.

« Tu t'ennuies, mon pauvre Henri », lui dit la princesse.

«—Oui, ma mère, » répondit le noble enfant.

«—Que regrettes-tu ?

«—Les Tuileries et la France. Je voudrais
« aussi.....» Il s'arrêta.

Madame, vivement émue, pâlit et rougit tour-
à-tour ; puis, ne voulant pas laisser deviner son
trouble, elle ajouta :

«—Achève; voyons, que voudrais-tu ?

«—Qu'on me fît lire, non par extraits, mais
« en entier, la vie de Henri IV.

«—Pourquoi ?

«—Afin d'apprendre à conquérir plus tôt un
« royaume qui m'appartient ; car la France est
« à moi, n'est-il pas vrai ?

«—Sans doute, Monseigneur, se permit de
« répondre M. de *** ; elle est à vous, autant
« que vous êtes à elle ; car vous ne devez vivre
« que pour ses intérêts.

«—Je crois, continua le prince, que Henri IV,
« pour se faire aimer, n'eut besoin que de se
« battre et de devenir catholique.

«—Il était bon, habile et ferme », répliqua
M. de ***.

« —Pour être bon comme lui, je n'aurai qu'à
« suivre l'exemple de ma mère; je trouverai
« peut-être plus difficilement un modèle d'ha-
« bileté; mais quant à la fermeté, j'en aurai
« pour tout le monde. »

En parlant ainsi, le prince s'éloigna, laissant son auguste mère ravie de reconnaître, si prématurément dans son fils, des sentimens dont elle était fière.

Madame apprit qu'il y avait à Cowes, où la famille royale logeait, à l'hôtel Frontain, un républicain forcené, non tel qu'en a fourni notre dernière révolution, mais semblable à ceux de 1793. Cet homme, fait prisonnier de guerre dans la dernière campagne de la péninsule espagnole, s'était marié à Cowes, et depuis lors n'avait plus revu son pays natal. On savait qu'il se répandait en imprécations violentes contre les exilés royaux, et les trembleurs prétendaient qu'on devait, à cause de lui, veiller plus particulièrement sur le duc de Bordeaux dans cet endroit que partout ailleurs.

La première fois que Madame vint dans la

ville avec ses enfans, elle s'arrêta tout-à-coup devant la porte de ce républicain farouche, dont elle s'était fait désigner la demeure, et, prenant par la main Mgr. le duc de Bordeaux et Mademoiselle, elle entra brusquement dans sa boutique, où il était à vendre de la mercerie.

« Monsieur, dit Madame en s'avançant vers
« lui, on prétend que vous êtes l'ennemi de la
« famille des Bourbons; je désirerais savoir
« quels sont vos griefs contre elle, afin d'y faire
« droit si cela est en mon pouvoir. »

Ces paroles, prononcées moitié avec bienveillance et moitié avec fermeté, produisirent un tel effet sur cet homme, qu'incapable de maîtriser l'émotion qui l'agitait, son visage se couvrit de larmes; il balbutia quelques mots sans suite; puis, se remettant un peu, il supplia Madame de lui pardonner, dans les termes les plus humbles.

« Le pardon est toujours doux à accorder,
« lorsque le repentir est sincère, dit Madame
« avec le plus aimable sourire; mais pour que

« je croie au vôtre, il faut que vous buviez à
« la santé de mon fils. »

Cet homme tomba aux genoux de la princesse, ainsi que sa famille, et se répandit en bénédictions, rappelant assez bien le prophète Balaam, envoyé pour maudire et forcé d'exalter Israël.

Le toast fut ensuite porté au royal enfant, et ce fut Madame qui versa elle-même le vin de France, qui servit à la réconciliation.

On vit l'instant où le républicain, devenu royaliste, allait imiter le précepte de l'Écriture, où il est dit : *Vous quitterez, pour me suivre, père, mère,* etc. Il est certain qu'il demeura purgé du mauvais levain.

Cette démarche courageuse de la princesse ne plut pas à tout le monde; on accusa Madame d'avoir manqué de dignité; on lui fit un crime de ce qu'elle avait changé la haine d'un homme, en un dévouement sans bornes pour son fils.

« Il est plus facile de perdre les cœurs que
« de les gagner, répondit S. A. R.; l'expé-
« rience nous a trop appris cette funeste vé-

« rité; et si la leçon a été cruelle, il faut du
« moins savoir en profiter.»

Mais, afin d'empêcher que de telles scènes se renouvelassent à l'avenir, on insinua à Madame que son fils ne lui appartenait pas entièrement; qu'il était la propriété de la France, et qu'on ne pouvait par conséquent trop veiller à sa sûreté; c'était dire assez qu'il fallait dorénavant l'éloigner de tous ceux que sa présence aurait pu ramener à lui.

Dans une circonstance où Madame devait se montrer en public, elle proféra ces paroles mémorables :

« Voici une occasion de montrer la fermeté
« que l'on a tant vantée en moi. Je veux que
« les Anglais me jugent digne du trône, d'où
« l'assassinat et la révolte m'ont fait descendre.»

En effet la princesse se montra ce qu'elle est, supérieure à son infortune.

Les spectateurs cherchaient surtout à voir Mgr. le duc de Bordeaux; sa physionomie ouverte, animée, sa grace et sa noblesse, charmaient tout le monde. Quelqu'un dit à ce sujet à côté de Mademoiselle :

« Si celui-là avait eu quinze ans de plus, il
« ne se serait pas laissé enlever le trône. »

Mademoiselle, se retournant vivement, répondit :

« Aussi, quand il les aura, il fera tout son
« possible pour le reprendre, s'il ne lui est pas
« rendu avant. »

Cette répartie remplie de finesse causa un vif plaisir à Madame.

Dans un de ces momens d'expansion, où la princesse causait affectueusement avec M. de***, elle lui disait un jour, dans le parc :

« Ah ! Monsieur, il me semble que chaque
« jour qui s'écoule m'enlève quelque chose de
« mes espérances. Je voudrais croire à la royauté
« de mon fils, et elle se présente à moi comme
« un rêve, en dépit de mes efforts pour rejeter
« une idée si affligeante.

« — Il est vrai, Madame, dit M. de ***, que
« cette royauté sommeille aujourd'hui ; mais elle
« n'attend que l'instant propice pour se réveiller.

«—Plût au ciel qu'il en fût ainsi ! Cependant,
« outre ce tourment j'en ai encore un autre non
« moins grand. » Et la princesse, après quelques
instans de silence, ajouta :

« La France, depuis le commencement de
« cette année, fait clairement connaître son
« opinion ; elle ne veut plus de notre entourage
« et de nos préjugés ; il lui faut une monarchie
« avec de la liberté, de la religion sans intolé-
« rance, de la grandeur sans prodigalité. Qui
« ne lui accordera pas tout cela ne régnera ja-
« mais sur elle. Or, si je veux que la couronne
« revienne un jour à mon fils, il convient qu'il
« appartienne à la nation, qu'il en ait les goûts,
« les opinions ; et qui les lui inculquera ? Ce
« ne seront certainement pas ceux qui l'envi-
« ronnent, mais des hommes instruits, éclairés,
« formés aux idées nouvelles, et qui seront ga-
« rans envers la France des sentimens de Henri V.
« Ce n'est point ici qu'il faut les chercher. Il
« serait donc nécessaire de les faire venir. »

Quelle élévation de pensées dans une princesse encore si jeune.....!

Quel avenir de bonheur promettrait à la France une régence confiée à une femme aussi extraordinaire et animée de sentimens aussi sages!

On lui propose M. de Châteaubriand pour continuer l'éducation de son fils ; voici en quels termes elle s'explique :

« Si j'étais libre, je l'appellerais le premier;
« mais ici on n'en veut pas, car on le taxe de ja-
« cobinisme. »

M. de *** ajoutant qu'il ne s'en serait jamais douté, car il le croyait dévoué de corps et d'âme aux Bourbons, la princesse reprit :

« Ah ! Monsieur, il a autant de sagesse que
« de génie; mais c'est ce génie même que lui
« reprochent ses adversaires. On craint ses lu-
« mières; on voudrait nous tenir constamment
« en arrière du siècle, tandis que nos intérêts
« exigent que nous marchions avec lui. Mon
« plus grand desir serait de confier à M. de
« Châteaubriand l'éducation de mon fils : il est
« notre meilleur appui. Vous savez avec quelle
« rigueur nous l'avons traité ! Eh bien ! aujour-
« d'hui il se venge en soutenant les droits de

« Henri de Béarn, avec autant de grandeur que
« de talent. Si nous le repoussons dans la bonne
« fortune, nous le retrouvons du moins tou-
« jours dans la disgrâce.»

Madame rendait avec raison justice à un homme dont la plume énergique a entraîné les convictions en faveur de la cause qu'il a défendue avec autant de chaleur et de talent, que d'éloquence et de courage.

La princesse ajouta :

« Malheureusement je ne suis point maî-
« tresse d'agir selon mon désir. Aujourd'hui la
« mère du roi n'a pas plus de pouvoir que le
« roi lui-même : il faut encore se soumettre à
« supporter la peine de fautes auxquelles on est
« étranger.»

Que de stoïcisme et de vertu dans toutes ces paroles!....

CHAPITRE VIII.

Calomnies dirigées en France contre MADAME. — Réfutation. — MADAME a engagé le duc de Bourbon à faire d'un des princes d'Orléans son héritier. — S. A. R. n'emploie que des étoffes de fabrique française. — On fait proposer des millions à la famille royale pour acheter la renonciation de Henri V. — Cette offre excite la plus affreuse indignation. — Arrivée de deux députés de l'Ouest et du Midi qui apportent la constitution, sur l'acceptation de laquelle Henri V doit être proclamé roi. — On décide que Henri V ne viendra en France que lorsque la moitié de la population se serait prononcée en sa faveur. — L'Angleterre semble intervenir et s'opposer au départ du jeune prince. — On fait espérer aux députés que MADAME se rendra bientôt dans le Midi.

———•———

MADAME lisait dans tous les journaux les articles qui la concernaient. Combien de fois ses amis fidèles ont été indignés de voir colporter audacieusement les pamphlets les plus obscènes contre elle, jusque sous le péristyle du Palais-Royal! Hélas! c'était là qu'on débitait jadis des libelles contenant aussi les calomnies les plus infâmes contre la plus belle des reines! La princesse en était profondément affligée; et lorsqu'on l'exhortait à la patience, elle s'écriait :

« Je suis de l'avis de notre dévoué serviteur
« M. de Puymaurin; la calomnie est un char-
« bon qui noircit, du moins lorsqu'il ne brûle
« pas; la mère de Henri de Béarn doit être res-
« pectée dans sa vie privée comme dans sa vie
« publique; la mienne n'a jamais eu rien de
« caché; je la livre toute entière à l'examen ri-
« goureux des gens de bien. Mais que puis-je
« opposer à ceux qui me méconnaissent, et qui
« me prêtent des fautes indignes de moi? »

On reprochait à S. A. R. d'avoir laissé en France plus de six millions de dettes, lorsqu'elle était à peine arriérée de six à sept cent mille francs. Les agens de Madame firent, en conséquence insérer, dans les journaux qui se respectent, la note suivante, qu'il paraît convenable de reproduire ici :

« Plusieurs gazettes ont annoncé que la gale-
« rie de tableaux de *Son Altesse Royale Ma-*
« *dame la duchesse de Berri* allait être mise en
« vente; cette assertion est inexacte; les dettes
« de *Son Altesse Royale*, que ces mêmes ga-

« zettes portent à six millions, ne s'élèvent pas
« à la douzième partie de cette somme. Madame
« payait chaque mois les dépenses de sa maison,
« sauf celles qui ne se soldaient que par quartier.
« Le mobilier personnel de *Son Altesse Royale*,
« diamans, bijoux, atours et bibliothèques, qui
« va être vendu, suffira pour acquitter les dettes.
« Quant aux tableaux de sa galerie, ils ont été
« transportés dans celle du château de Rosny,
« propriété que se réserve Madame. Tout le monde
« sait avec quel ordre la maison de *Son Altesse*
« *Royale* était tenue. En voici la preuve : Les
« retenues pour les pensions, exercées sur les
« employés, étaient doublées par Madame; cette
« somme, ainsi augmentée, vient d'être rendue
« à chacun; ils ont reçu de plus un mois d'ap-
« pointemens à titre de gratification. Ceux qui
« savent le bien que faisait *Son Altesse Royale*,
« l'encouragement qu'elle donnait aux artistes,
« et la protection qu'elle accordait à l'industrie,
« seront surpris d'apprendre que tout cela se fai-
« sait sur une dotation de cent vingt-cinq mille
« francs par mois; aussi est-il vrai de dire que les

« regrets les plus sincères de toutes les classes
« de la société ont suivi Madame dans son exil. »

On ne saurait croire quel plaisir cette simple note causa à S. A. R., qui tenait tant à la bonne opinion des Français ! Quelques regrets ayant été manifestés devant elle sur la vente peu avantageuse de la partie de sa galerie dont elle se défaisait :

« Rassurez-vous, dit-elle, ces tableaux ne
« m'ayant procuré d'autre satisfaction que celle
« d'obliger de pauvres artistes en les achetant,
« j'y renonce sans peine. Il faut que les princes
« sachent se laisser par fois tromper volontaire-
« ment, et rendre service en paraissant atta-
« cher du prix à l'ouvrage qu'ils acquièrent,
« bien qu'il soit fort au-dessous de ce qu'ils en
« donnent. »

Madame a toujours suivi cette noble maxime; elle ne savait pas refuser un artiste malheureux qui se présentait un tableau à la main ; et jamais on ne lui reprochera d'avoir eu recours aux lumières d'un connaisseur, lorsqu'il s'agissait d'une bonne œuvre.

Les misérables pamphlétaires, payés, depuis le mois d'août 1830, pour vomir contre S. A. R. d'infâmes mensonges, n'ont jamais approché de sa demeure; car s'ils avaient pénétré dans ce sanctuaire auguste, ils auraient reconnu que Madame, soumise toute entière au joug de l'étiquette, ne pouvait se former une société intime, sans que ses nombreux serviteurs en eussent connaissance. On ne parvenait à son appartement que par le grand vestibule; il n'y avait nulle entrée, nulle issue secrète, car toutes étaient appropriées aux divers services journaliers de la maison de S. A. R. Jamais elle ne se séparait des dames attachées à sa personne, à moins que ce ne fût pour s'occuper de peinture; car la princesse n'aimait pas seulement les arts en princesse, elle les aimait en artiste, en Italienne passionnée pour le beau.

Ainsi tombent les calomnies qui ne servent qu'à déshonorer leurs auteurs, sans pouvoir atteindre Madame. Quel reproche sérieux peut-on lui adresser? Qu'a-t-elle fait pour perdre l'amour de la nation? On a rendu justice à ses vertus d'épouse et de mère; bonne fille, bonne sœur, bonne parente, on sait tout le zèle qu'elle mit à engager le duc de Bourbon à choisir pour son héritier un prince de la famille de Louis-Philippe. *J'aime les d'Orléans*, disait-elle, *ce sont de bonnes gens.*

Avec quelle générosité Louis-Philippe avait été accueilli par les Bourbons de Naples, lors de son séjour en Sicile! Je puis raconter, à ce sujet, ce que Madame rapporta un jour à Lullworth, devant sa famille rassemblée, et comme le tenant de son père :

« Mon oncle craignait, dit la princesse, de se
« montrer à la cour de mon aïeul ; mais on alla
« au-devant de lui, et loin de faire rejaillir sur
« sa personne les fautes de son père, on le traita
« en bon parent ; il était malheureux, et c'était
« un titre à la bienveillance de ma famille. Je
« dois dire aussi qu'il semblait s'en montrer fort
« reconnaissant, et qu'il parut desirer ardem-
« ment d'en donner des preuves.... »

La princesse s'arrêta tout-à-coup, puis elle ajouta :

« Le moment était venu de prouver sa sin-
« cérité.... »

Cette réflexion si simple produisit un effet étrange sur l'auditoire; et sans se livrer à des récriminations véhémentes, on déplora que le duc d'Orléans n'eût pas préféré le rôle de Monck à celui de Guillaume.

Lorsque, entraînée elle-même, elle s'imaginait fouler la terre natale, il lui échappait quelques phrases en la langue maternelle; mais bientôt se reprenant :

« J'ai oublié, disait-elle, l'idiôme du Dante et
« du Tasse ; je ne sais, je ne dois plus savoir
« que celui qu'on parle à Paris, car maintenant
« je suis Française. »

Oh! qu'il y a de sentiment dans ces paroles! Qu'on aime à voir réunis en elle cette tendresse pour un royaume qui lui a tant coûté de pleurs, et cet amour pour sa nouvelle patrie qui semble s'accroître des rigueurs qu'elle en reçoit! Si le soleil luit dans tout son éclat, elle dit :

« Puissent ses rayons qui dardent sur la France,

« la féconder et amener l'abondance parmi la
« nation ! »

Si on admire devant elle un produit de l'industrie étrangère :

« On fait bien mieux à Paris. »

Forcée de réduire ses dépenses, Madame paie un prix fort élevé les moindres étoffes de nos manufactures, car elle ne veut être habillée que des tissus fabriqués en France. Mme de Bouillé s'en étonnant un jour, S. A. R. lui répondit :

« Mon cœur a tant besoin de s'identifier avec
« le pays que nous pleurons, que je veux, même
« à l'extérieur, annoncer que je suis un de ses
« enfans. »

Madame élève ses enfans dans les mêmes pensées, et tous les deux répondent dignement à cette éducation. L'histoire de nos aïeux, qu'on lui avait laissé un peu trop ignorer, est devenue sa lecture favorite depuis son départ de France. Elle y puise des exemples à suivre, des règles de conduite pour l'avenir, et en fait des extraits qui annoncent la profondeur de son jugement.

Elle disait un jour, comme frappée d'une vérité de fait :

« Il paraît que les princes d'Orléans ont été
« opposés presque de tout temps à la branche
« régnante. Ces noms, dans notre histoire, ne
« sont pas plus un gage de fidélité, que ceux des
« Henri, des Berri n'en sont un de bonheur ! »

Une proposition des plus impudentes fut faite à S. A. R.; elle était irritée, ses yeux étincelaient :

« Croiriez-vous, dit-elle à ses fidèles servi-
« teurs, qu'on me prend en France pour une
« autre Médée ? On veut que je tue mon fils ;
« car n'est-ce pas lui ôter la vie que de consen-
« tir à sa dégradation ? »

Ce début véhément causa autant d'inquiétude que de surprise; on demanda respectueusement à la princesse de daigner expliquer plus clairement le motif de sa colère.

« Vous allez juger si elle est juste, dit-elle.
« L'ambassadeur a envoyé un de ses émissaires,
« non pour témoigner le moindre intérêt à notre
« destinée; mais afin de me proposer, à prix d'or,

« une renonciation des droits de mon fils, qu'en
« ma qualité de mère je ferais en son nom, et
« d'accord avec les autres membres de la famille.
« Il n'y a donc plus en France que des agioteurs,
« que des gens d'affaires qui traitent l'honneur
« des races royales, comme une spéculation
« commerciale? Vendre les droits de Henri de
« Béarn, recevoir en échange quelques mil-
« lions! Et c'est à moi qu'on ose faire cette in-
« fâme proposition!... »

Madame ne pouvait contenir sa noble indignation de cet excès d'audace; on attendait en silence qu'elle dévoilât en entier ce qui avait excité ce légitime courroux. S. A. R. apprit enfin à ses fidèles amis qu'un agent, muni de pleins pouvoirs, venait d'arriver à Lullworth pour négocier, avec la famille royale, une renonciation formelle à la couronne de France, et qu'on offrait en retour cinquante millions comptant, et quatre millions de rentes perpétuelles, qui seraient servies dans quelque partie de l'Europe que les princes choisiraient pour y fixer leur résidence.

C'était, ainsi que le disait Madame, faire de la

royauté une véritable spéculation de banque; jamais il n'en aurait été de plus honteuse! Peut-on à ce point confondre la générosité et la noblesse, avec ce qu'il y a de plus vil et de plus dégradant?

« Comment a-t-il été un seul instant possible
« de croire, s'écriait la princesse, que je consen-
« tirais jamais à échanger l'honneur de mon fils
« contre un vil métal! Cette indigne pensée n'a
« pu naître que dans les âmes mercenaires qui
« trafiquent de l'honneur, qui mettent leur con-
« science à l'enchère, et l'adjugent au plus of-
« frant; ceux-là seuls, osant m'assimiler à eux-
« mêmes, ont dû croire que j'accepterais leur
« offre sans rougir, sinon avec reconnaissance,
« et qu'il ne s'agirait plus ensuite que d'entrer
« en discussion sur les clauses du marché. Le
« malheur a donc plus d'amertume que je ne
« lui en supposais, puisqu'il expose à de telles
« humiliations. »

Et des larmes s'échappaient de ses yeux!

Lorsque S. A. R. fut un peu plus calme, elle raconta le mouvement généreux qu'avait manifesté Charles X en écoutant la proposition de l'envoyé de M. de Talleyrand, car la seule réponse qu'il lui fit, fut de le bannir sur-le-champ de sa présence.

L'émissaire, confondu, avait battu honteusement en retraite, se plaignant d'un refus non motivé, et disant qu'il était absurde de rejeter une affaire, avant d'avoir pris la peine d'en examiner le bon et le mauvais côté.

Cette basse intrigue ayant échoué, la famille royale s'occupa d'intérêts plus nobles ; ce fut de faire proclamer *Henri de Béarn*, en vertu de l'abdication de son aïeul et de Mgr. le Dauphin, par les provinces que baignent l'Océan et la Méditerranée. Quelques affidés assuraient que la bonne cause avait, dans ce pays, une majorité numérique propre à trancher la question au premier signal ; mais on mettait à son exécution les conditions suivantes :

Article 1er. La constitution primitive de la France sera rétablie telle qu'elle existait au 1er janvier 1789.

Art. 2. On rétablira pareillement les provinces dans leurs noms, franchises, immunités et priviléges, en conservant toutefois, pour la facilité de l'administration, les subdivisions départementales.

Art. 3. La religion catholique sera proclamée la religion de l'Etat, et les cultes qui en dérivent seront garantis solennellement dans la plénitude de leur exercice, et salariés par les administrations locales.

Art. 4. La centralisation administrative disparaîtra dans ses différentes branches.

Art. 5. La magistrature sera rétablie, autant que possible, telle qu'elle existait avant la première révolution : elle reprendra positivement ses dénominations anciennes.

Art. 6. On exclura des fonctions de l'intérieur tous ceux qui en ont accepté depuis le 1er août 1830.

Art. 7. Le conseil de régence sera formé par l'élection remise aux soins des états-généraux, convoqués dès que le royaume sera rentré sous la domination de son roi légitime.

Art. 8. Immédiatement après la réintégration de S. M. Henri V, on ouvrira des négociations avec la Sainte-Alliance pour que la France reprenne ses limites naturelles; et ces démarches seront appuyées de l'armement de tous les citoyens en état de combattre.

Art. 9. Alger et son territoire seront déclarés partie intégrante de la France.

Art. 10. Une loi, déclarée fondamentale, fixera les droits et les limites de la liberté de la presse, de manière à ce qu'elle ne puisse plus provoquer un bouleversement de l'Etat, sans néanmoins que la censure puisse jamais être rétablie.

Ces articles furent apportés à Lullworth par deux députés du Midi et de l'Ouest, dont je tairai les noms. Ces hommes, tout dévoués aux Bourbons, ne dissimulèrent pas cependant que, bien que décidés, ainsi que leurs amis, à sacrifier leur fortune et leur vie pour une nouvelle restauration, ils ne voulaient pas la ramener avec les abus précédens. Leur fidélité était austère, elle plut à Madame, et convint également aux divers membres de sa famille.

On exigeait encore, entre autres conditions, la présence du jeune prince : il fallait que, sous la conduite de son auguste mère, il franchît les Pyrénées pour donner un nouvel élan au courage de ses partisans ; il fallait enfin qu'il se montrât avec une suite composée seulement de Français, et qu'on confiât le soin de son éducation à des hommes investis de la confiance nationale. Malheureusement ces dernières demandes ne furent point accueillies avec la même faveur par tous les membres de la famille. L'esprit chevaleresque de Madame et celui de Madame la Dauphine trouvèrent tout naturel que de fidèles sujets voulussent avoir avec eux le prince pour lequel ils allaient prendre les armes : elles ne voyaient par conséquent nul obstacle à ce que Henri de Béarn allât planter sa bannière dans ces contrées, d'où son aïeul, Henri-le-Grand, était parti pour reconquérir sur la Ligue, la couronne de France.

Charles X et Monsieur le Dauphin étaient d'un

avis différent. Instruits par l'expérience, ils craignaient que le dernier rejeton de la famille ne tombât dans quelque piége; que ces projets d'insurrection, si bien préparés sur le papier, ne manquassent leur effet au moment de l'exécution; ils citaient pour exemple les nombreuses tentatives de ce genre dont on les avait bercés pendant leur première émigration, sans que jamais aucune eût été couronnée de succès dans le Midi. Tout en rendant justice à l'esprit de la Vendée et de la Bretagne, ils croyaient les opinions singulièrement modifiées dans ces provinces. Ils conclurent donc qu'ils ne consentiraient au départ du prince, que lorsque la moitié de la France se serait déclarée en sa faveur.

Les espions qui appartenaient au ministère de la révolution et ceux du cabinet de Londres, qui entouraient la famille royale, ne tardèrent pas à apprendre les propositions qui venaient d'être faites.

Ils en rendirent compte, et des mesures furent prises par le ministère anglais pour que Mgr. le duc de Bordeaux ne pût partir avec son auguste mère sans le consentement de Charles X.

S. A. R. fut singulièrement blessée d'une intervention qui manifestait clairement des arrière-pensées peu favorables à l'avenir du jeune prince.

Les deux députés se décidèrent enfin à partir, désolés de n'avoir rien à rapporter de positif à leurs compatriotes. Ils s'en expliquèrent vivement avec M. de D......, qui leur dit qu'il n'en fallait pas moins agir. L'un d'eux lui répliqua :

« Nous sommes maintenant en France comme
« le dragon à plusieurs têtes de Lafontaine;
« aussi ne fait-on que s'entraver réciproque-
« ment. Mais quand les têtes seront réduites à
« une seule, c'est alors que nous ferons mer-
« veilles. »

Ce fut ainsi que se termina la dernière conférence, avec peu de satisfaction des deux côtés. M. de *** tâcha de relever le courage abattu des envoyés, en leur faisant espérer que MADAME se rendrait bientôt dans le Midi, et que si son fils ne pouvait d'abord la suivre, il viendrait plus tard se réunir à ses fidèles sujets.

J'ai réservé, pour la fin de ce chapitre, quelques détails sur le séjour de la famille royale, soit à Lullworth, soit à Holy-Rood.

En passant devant l'île de Wight, les princes avaient été frappés de sa situation pittoresque et de la beauté de sa végétation; Charles X avait eu un moment l'intention de s'y fixer, et Madame la duchesse de Berri y ayant fait une légère excursion avec Monsieur le duc et Madame la duchesse d'Angoulême, n'en parlait qu'avec une satisfaction toujours croissante.

Ce projet n'eut qu'un moment de durée, et la famille attristée se rendit à Lullworth, village situé sur la côte du Dorsetshire, à plusieurs milles S.-O. de la ville de Warcham, où se trouve le château de sir James Weld, qu'elle se décida à habiter.

Habituée à une vie active, Madame, on le pense bien, ne se tint pas renfermée dans le château. Elle visita Warcham, Birmingham, le château de Wardouv, et assista aux courses de chevaux du Dorsetshire, ainsi qu'aux joûtes sur l'eau de Cowes, toujours accompagnée de lord

Arundel, de lord Nugent, de sir Grant, du marquis d'Anglesea, du duc de Norfolck, tant ce qu'il y a d'hommes remarquables dans cette partie de l'Angleterre montrèrent d'empressement à lui faire oublier ses malheurs.

Ce fut là, dans une réunion de famille, que Charles X exprima la pensée de voir avant un an son petit-fils, Henri V, remonté sur son trône, et que Madame, moins facile à se tromper, éloigna le terme d'un événement qui ferait toute sa joie, disant : « Que la tête de mon fils soit parée » de la couronne de France, et que je meure » après ! »

Ce fut là encore que, son exil lui pesant, elle prit la détermination d'aller à Naples avec ses enfans, ayant chargé M. le comte de Mesnard de négocier ce voyage auprès de son père. Mais les intérêts de son fils la forcèrent plus tard de changer de résolution.

Une lettre de M. le comte de Brissac, chevalier d'honneur, dira mieux que je ne le pourrais faire, comment Madame employa les courts instans qui suivirent :

« Désirant témoigner quelque reconnaissance
« aux seigneurs anglais qui étaient venus offrir
« à Charles X et à sa famille leurs bons offices
« pendant leur séjour en Angleterre, Madame
« est allée visiter le château de Chutswarth, ré-
« sidence du duc de Devonshire, et celui de
« Kodelstare, qui appartient à lord Scardale.
« Madame a été reçue par ces gentilshommes avec
« tous les égards, que l'on peut attendre de l'a-
« ristocratie anglaise. A son retour, elle a passé
« par Manchester et Birmingham. Elle a visité
« avec soin les manufactures de ces deux villes;
« elle a parcouru les ateliers, a questionné les
« maîtres, les ouvriers; enfin, Madame a été, ce
« que nous l'avons vue en France, toujours
« bonne, toujours prévenante, toujours atten-
« tive à tout ce qui pouvait flatter les personnes
« qu'elle interrogeait. Madame est sortie de ces
« manufactures comblée des bénédictions de
« ceux qui l'entouraient; et même, des cris de
« *Vive le Roi! Vive Madame!* ont été proférés
« par des bouches anglaises. »

Charles X quitta bientôt Lullworth pour Holy-Rood. Pendant qu'il voyageait vers Edimbourg, Madame, suivie du comte de Mesnard et du marquis de Bouillé, se rendit à Londres, chez l'ambassadeur de Naples.

CHAPITRE IX.

Madame est résolue de placer la couronne sur la tête de son fils. — Si on lui conteste la régence, elle en réfèrera à la volonté de la nation. — Elle regrette de ne pas s'être présentée avec son fils aux Parisiens, sans soldats et sans escorte. — Plaisanterie de Madame sur les courtisans. — Des officiers fidèles viennent proposer de faire proclamer Henri V. — Sages réflexions de S. A. R. — Conseil de famille. — On décide qu'on n'ira pas en France. — Madame la Dauphine est d'un sentiment contraire. — Réprimande sévère et pleine de noblesse de Madame à un personnage de distinction qui vient la voir incognito. — Lettres du duc de Bordeaux et de Mademoiselle. — Mort du roi de Naples. — Sa lettre au sujet de Louis-Philippe.

———•◊◊◊◊•———

Toutes les difficultés, que présentaient à l'esprit de Madame les divers moyens qui devaient tendre à l'exécution de ses projets, n'ébranlaient pas sa résolution. Occupée de cette idée fixe et exclusive de placer sur la tête de son fils cette couronne, dont, en dépit de tous les argumens sophistiques, on ne peut lui contester la légitime propriété, elle était disposée, quelque périlleuse que fût l'entreprise, à tout tenter pour atteindre son but, et les dégoûtantes propositions qui venaient de lui être faites de signer à prix d'or une renonciation à cette même couronne, tentative honteuse de négociation qui corroborait les droits de son royal enfant, en prouvant que celui qui régnait en France avait compris que son trône était mal assis, provoquèrent son indignation, ne firent qu'enflammer son courage, et la fortifièrent dans ses inébranlables dispositions, dût-il même lui en coûter la vie.

Un certain jour qu'elle s'entretenait avec M. de *** sur l'objet de toutes ses espérances, elle s'exprimait ainsi :

« Non, je ne puis croire que les Français
« persistent à rejeter mon Henri ! La jeunesse
« a tant d'attraits qu'on se sent naturellement
« entraîné vers elle. Ah ! si mon fils avait vingt
« ans révolus ! Cependant on se méfie de la ré-
« gence, bien à tort, car je n'en confierai l'exer-
« cice qu'aux hommes que la France elle-même
« y appellera.»

M. de *** disant à Madame que certaines gens

prétendaient l'en exclure, elle repartit en riant :

« Un *décret impérial* et un *sénatus-consulte*
« assurent mon droit ; il est juste qu'une mère
« veille avant tout autre à la conservation de
« son enfant ; mais comme je suis déterminée à
« suivre uniquement l'avis de la majorité, il n'y
« aurait que des hommes décidément hostiles
« qui pourraient s'opposer à ce qu'on me laissât
« le titre de régente. Après tout, si on me le
« contestait trop ouvertement, j'en référerais à
« la volonté de la nation ; car, avec elle, je m'en-
« tendrai toujours. »

Sur la demande faite à MADAME comment elle desirerait composer le conseil de régence, elle répondit en ces termes :

« Je ne puis encore le dire, parce qu'il se-
« rait possible que ceux que je desirerais y ap-
« peler ne convinssent pas au peuple français.
« Je veux à l'avance m'interdire tout ce qui
« aurait l'air de forcer ses suffrages, parce que
« l'expérience m'a appris qu'une royauté ne
« peut se soutenir solidement qu'appuyée sur
« le concours de la nation. Ah ! quand je pense

« que je dormais sur un abîme, dont on cher-
« chait à dérober la profondeur à mes yeux,
« lorsque mes pressentimens me le révélaient!
« Quel réveil, grand Dieu! et quels affreux sou-
« venirs que ceux qui me reportent à la cata-
« strophe qui enleva en trois jours le trône à
« Henri de Béarn!....

« Combien je regrette aujourd'hui de ne
« pas m'être présentée avec mon fils aux Pari-
« siens, sans soldats, sans escorte; de n'avoir
« pas été leur porter des paroles de paix, et les
« assurer que désormais je me dévouais toute
« entière au bonheur de la France! Mais non,
« on opposa à ce dessein la conservation de ma
« dignité, celle de la famille royale; et c'est
« ainsi qu'on nous perdit, c'est ainsi qu'on nous
« précipita dans l'infortune, sans faire même
« un effort pour nous en arracher!»

Ces paroles font assez connaître les sentimens
de Madame, ses regrets, son désespoir. Qui eût pu
voir tant de grandeur, de générosité, sans en être
profondément touché, sans tomber à ses pieds!

Des observations pleines de sel, des saillies

remplies de grace et de finesse, échappaient souvent à S. A. R., comme pour faire diversion aux méditations sérieuses auxquelles son âme était en proie.

Un jour, s'étant arrêtée au château de Warwick, qui se trouvait sur sa route, dans l'intention de le visiter, elle apprit que les propriétaires de cette demeure pittoresque en étaient partis récemment. S. A. R. refusa d'y entrer pendant leur absence, et tourna en plaisanterie cette sorte de désappointement.

« Vous voyez, dit-elle, qu'on peut repro-
« cher à la fortune ses caprices comme à une
« jolie femme; car si pareille chose m'était ar-
« rivée en France il y a un an, et que tel maré-
« chal ou tel lieutenant-général, qui sont au-
« jourd'hui aux genoux de Louis-Philippe, ne
« se fussent pas trouvés chez eux pour m'y re-
« cevoir, ils se seraient crus obligés de faire
« une maladie de désespoir, tandis que mainte-
« nant ma visite malencontreuse ne fait tort à
« la santé de personne; c'est du moins pour
« moi une consolation. »

Le ton dont ces paroles furent prononcées n'exprimait aucune amertume; elles excitèrent l'hilarité de tous ceux qui entouraient la princesse, et particulièrement celle du comte de Mesnard, qu'il n'était pourtant pas très aisé de faire rire.

Des officiers fidèles et sincèrement attachés à l'auguste famille royale s'étaient rendus auprès d'elle pour lui faire part des moyens à l'aide desquels ils croyaient pouvoir placer Henri V sur le trône de France.

M. de *** se hâta de prévenir la princesse de l'arrivée de M. de C*** avec ses camarades, et du motif de leur course chevaleresque, ainsi que de la certitude qu'ils avaient de réussir dans leur noble projet, si la famille royale consentait cette fois à descendre dans la lice. MADAME écouta M. de *** avec une émotion visible; son teint s'anima, ses yeux se remplirent de larmes, puis elle lui répondit avec vivacité:

« Pourquoi, Monsieur, augmenter mes an-
« goisses en venant m'offrir ce qu'il m'est in-
« terdit d'accepter? Non, non, malgré le vif

« desir que j'en ai, je ne foulerai pas encore le
« sol sacré de la France; ni moi ni mon fils
« n'aurons ce bonheur de long-temps. Si je
« n'écoutais que notre mutuelle envie, je le
« prendrais dans mes bras et je me jetterais
« dans ce navire sous la protection des braves
« qui le commandent; mais encourir le mécon-
« tentement de Charles X, la désapprobation de
« l'Angleterre, le danger d'être peut-être ra-
« menée de vive force si l'on envoyait à notre
« poursuite, voilà quelles seraient les suites de
« cette démarche; voilà ce qui m'empêche de
« faire ce que je souhaite le plus au monde.
« Ah! vous ne pouvez savoir tout ce que ce sa-
« crifice me cause de regret et de désespoir!»

M. de *** voyait comme Madame les difficultés
de l'entreprise; mais il lui semblait que plus il
y aurait d'obstacles à vaincre, et plus il serait
glorieux de réussir. Cependant il se tut par respect pour la volonté de S. A. R., qui reprit
après un instant de silence:

« Non, je ne puis emmener mon fils sans
« l'aveu de son aïeul; mais moi, qui peut me

« retenir ? Pourquoi n'irais-je pas partager les
« dangers des hommes intrépides qui se dé-
« vouent à notre cause, encourager par ma
« présence leurs généreux efforts ?.... Oui, cette
« idée me sourit; la veuve du duc de Berri, la
« mère de Henri de Béarn ne parcourrait pas
« seule la Bretagne et le midi, et plus d'un
« brave viendrait grossir son escorte.....»

La princesse s'arrêta, puis elle ajouta :

« Écoutez-moi bien : pour rien au monde
« je ne voudrais vous compromettre; mais il
« faut absolument que je parle de cette affaire
« en famille. Vous devez paraître l'ignorer. En-
« gagez M. de C*** à m'écrire directement; je
« ferai lire sa lettre; et qui sait ce qu'elle pro-
« duira? Vous avez élevé dans mon âme un
« violent orage : Dieu veuille que les suites n'a-
« mènent rien de fâcheux!....»

M. de *** obéit à la princesse, et alla trouver M. de C***, qui ne balança pas à se soumettre au desir de Madame. Il lui exposa donc dans une lettre tout le plan de l'entreprise, les chances ou plutôt la certitude de succès qu'il offrait; la force des royalistes, qui se composaient des plus influens et des plus dévoués, et enfin tout ce qui pouvait assurer le triomphe, si le ciel se déclarait pour eux. Dès que S. A. R. eut décacheté la missive de M. de C***, elle la porta à Charles X, qui était dans le salon avec Mgr. le Dauphin et Madame la Dauphine. Cette lecture produisit l'effet qu'en attendait M. de ***; le monarque, qui ne peut se représenter de sang-froid les conséquences d'une guerre civile, et qui ne voit dans les soulèvemens partiels que des démonstrations impuissantes, se fit un scrupule d'y donner son consentement, et plus encore de les autoriser par la présence d'un membre de sa famille. La résignation religieuse de son noble fils ne lui permit pas également d'avoir d'autre opinion que celle de son père.

Cependant Madame la Dauphine, après avoir écouté les raisons qu'alléguaient les princes pour empêcher sinon le départ de Mgr. le duc de Bordeaux, du moins le sien, prit la parole à son tour, et réclama pour elle le droit de relever l'étendard royal dans les provinces qui voudraient se ranger sous son ombre légitime; elle dit qu'accoutumée dès sa jeunesse à une vie errante et agitée, elle la reprendrait sans peine dans l'intérêt de la monarchie; qu'elle n'était point étrangère à la Vendée, à la Guyenne, au Languedoc et à la Provence; que sa seule vue réveillerait l'ardeur des fidèles de ces contrées, et qu'en marchant sous la protection des saints de sa famille qui du haut du ciel veilleraient sur elle, la victoire lui semblait certaine.

Madame a dit que son auguste belle-sœur avait déployé un caractère sublime dans cette circonstance; qu'elle s'était prononcée avec une chaleur et une véhémence qui devaient triompher, si la volonté de Charles X, appuyée sur de graves motifs de prudence, ne s'y fût opposée. On convint donc, à la grande douleur des deux princesses, qu'on ne donnerait aucune suite à la mission dont de fidèles officiers s'étaient chargés.

On donna à M. de C*** une audience dans laquelle il reçut l'accueil le plus favorable. Madame se taisait par résignation; mais Madame la Dauphine ne put s'empêcher de lui dire :

« Monsieur, assurez les royalistes que si je ne
« me rends pas à leurs vœux, c'est parce que
« je n'en ai point la liberté; et dites-leur aussi
« que, quoique éloignée, mon cœur est toujours
« resté en France. »

Quelque temps après, Madame reçut la visite d'un personnage de distinction, qui vint la voir incognito. S. A. R. lui fit sentir ce qu'avait d'inconvenant cette visite en ne lui accordant rien de ce qui était dû à son rang. Il ne lui en fit pas moins des offres de service pour elle et son fils.

« Monsieur, lui répondit la princesse avec une
« noble dignité, mon fils ne demande de ser-
« vices qu'aux souverains; et lorsqu'ils lui en
« refusent, il ne s'adresse plus qu'à Dieu. »

Malgré cette sévérité, justifiée par un manque d'égards très-inconvenant, Madame eut le bonheur de plaire à ce personnage, qui dit à un seigneur de la cour :

« Le front de Madame la duchesse de Berri
« était fait pour porter une couronne; elle sera
« du moins capable de soutenir celle de son fils. »

M. de *** se permit de représenter à Madame

qu'elle aurait peut-être dû mieux traiter ce personnage.

« Je plains, lui répondit-elle, ceux qui
« prennent des précautions pour remplir leur
« devoir. On doit être plus exigeant dans les
« revers que dans la fortune, et les hommes
« qui respectent le malheur s'honorent d'autant
« plus eux-mêmes. »

Ce langage convenait à une petite-fille de Henri IV.

S. A. R. étant allée à Londres pour soutenir les intérêts de son fils, avait laissé ses enfans sous la protection de ses augustes parens, à Holy-Rood : elle montra à ceux de ses fidèles serviteurs qu'elle daignait appeler ses amis deux lettres qu'elle venait d'en recevoir. Ces lettres sont d'un assez grand intérêt pour que je les transcrive ici ; celle de Henri de Béarn était conçue en ces termes :

« Ma chère maman,

« Je suis bien chagrin de ne plus vous voir.
« Votre présence est si nécessaire à mon bon-

« heur qu'il me semble que tout me manque
« maintenant que vous êtes loin de moi. Grand-
« père me dédommage de votre absence, autant
« qu'il est possible, par sa tendresse; mais enfin
« cela ne vous rend pas à la mienne, et tant
« que je ne vous verrai pas j'aurai toujours
« quelque chose à desirer.

« Je travaille de mon mieux, car je tiens à
« savoir comment un homme doit se conduire;
« et, bien que je ne sois qu'un enfant, je veux
« du moins mériter qu'on me plaigne de ne
« pas être à ma place, si je ne puis rien obtenir
« de plus.

« Je prie Dieu pour vous chaque jour; je
« l'invoque, comme vous m'avez appris à le
« faire, pour la prospérité de la France.

« Chère France! quand me sera-t-il permis
« de la revoir! J'étais si heureux à Paris, au
« milieu des Parisiens! On dit qu'un enfant
« leur fait peur : ce n'est cependant pas le petit
« chaperon qui mange les loups; il donne au
« contraire de la galette, et même de bon cœur.

« Édimbourg ne vaut point Paris, ni Holy-

« Rood les Tuileries; mais ce qui nous dédom-
« mage un peu, c'est l'amitié qu'on nous té-
« moigne, et dont grand-père et moi devons
« être bien reconnaissans. Il fait froid et som-
« bre; je sors pourtant; je cours tant que je
« peux, cela réchauffe; et puis quand on marche
« on songe moins à ce qu'on a perdu, à sa bonne
« mère d'abord, et ensuite aux chers amis qu'on
« a laissés loin, bien loin !!!

« Je vous embrasse, chère maman, avec une
« tendresse égale à la vôtre; heureux si un jour
« je puis vous en donner des preuves.

« Henri. »

On assurait à Madame, par le même courrier, qu'aucune plume ne s'était mêlée à celle de son fils, qu'à peine s'il avait eu besoin de faire un brouillon qu'on envoya aussi, et sur lequel on ne remarque que quelques répétitions de mots, qu'on avait sans doute indiquées au prince.

Voici maintenant la lettre de Mademoiselle :

« Ma très chère maman,
« C'est donc pour toujours que vous nous avez
« quittés; il me semble, du moins, qu'il y a
« une année, car mon cœur mesure le temps
« avec son impatience. Quand reviendrez-vous
« près de vos enfans qui ne peuvent vivre heu-
« reux sans vous ? Maman Gontaut ne veut pas
« que je pleure lorsque je pense à vous; mais
« comment songer à une si bonne mère sans la
« regretter ? Le roi Bordeaux prétend qu'il vous
« aime plus que je ne vous aime moi-même.
« Cela n'est point; car je le sens au chagrin que
« j'éprouve de ne pas vous voir. Mon frère fait
« un bruit affreux dans le moment, près de
« moi; il commande le port-d'armes à un gros
« barbet que nous avons trouvé ici. C'est une
« excellente créature, bien douce, bien cares-
« sante, qui jape et hurle de plaisir quand le
« roi Bordeaux descend à s'amuser avec elle, ce
« que Sa Majesté daigne faire souvent, à la sa-
« tisfaction de tous deux.

« Mon frère me défend de vous dire ceci ; il
« prétend que vous le croiriez toujours enfant,
« tandis qu'il est si raisonnable ! ! !

« Nous faisons assaut de travail, et je ne reste
« pas en arrière. Je veux aussi ne point être
« ignorante, afin de me conduire un jour de
« manière à ce qu'on ne me prenne point pour
« une personne mal apprise. Je regrette Lull-
« worth, et un autre lieu bien plus encore ;
« mais celui-là je n'en parlerai que quand nous
« y retournerons ; car vous pleurez lorsqu'on
« vous le rappelle, et moi-même, quand je m'en
« souviens.... Ma chère maman, aimez bien
« votre fille, car elle est toute Française, et elle
« le sera toujours. »

MADEMOISELLE entrait ensuite dans des détails
que je crois inutile de rapporter ; mais je suis
convaincu que les plus indifférens apprécieront la grace, la naïveté et les sentimens nobles qui se font remarquer dans ces deux lettres ; elles renferment, du moins, autant de patriotisme qu'en manifestent les petits enfans de M. Casimir Périer, par exemple, ou

ceux de tel autre marchand ou avocat libéral.

La seule maison que la princesse fréquentait librement à Londres, était celle de l'ambassadeur de Naples, où elle se croyait chez son père.

Hélas! ce fut une illusion qu'elle ne conserva pas long-temps. Ce père, qu'elle chérissait avec une sorte d'idolâtrie, et dont peut-être elle était l'enfant de prédilection, mourut cette même année, le 8 novembre. Le comte de Luldof eut, dans cette circonstance, une mission bien douloureuse à remplir, celle d'annoncer à MADAME ce funeste événement. Malgré toutes les précautions qu'il y mit, S. A. R., frappée de ce dernier malheur, poussa un cri déchirant et tomba sans connaissance dans les bras de Mme de Bouillé. MADAME aurait dû cependant être préparée à cette perte par les bulletins que déjà on avait expédiés de Naples; mais c'est parce que la princesse redoutait ce coup affreux pour le cœur d'une fille, qu'elle ne voulait pas en envisager la possibilité. On crut, selon toute apparence, que la fin du roi de Naples avait été hâtée par les événemens de juillet, et le désespoir d'être forcé de reconnaître la royauté de Louis-Philippe, au préjudice de son petit-fils. Il écrivit à ce sujet à Madame, une lettre qui prouvait combien son cœur était déchiré par le sacrifice fait à la paix continentale.

Voici une des phrases, qui s'y trouvait mot pour mot :

« Un roi a souvent des devoirs pénibles à
« remplir : le mien est cruel. Je suis père et
« frère. C'est ma sœur qui détrône ma fille ; et,
« pour la venger, il faudrait combattre contre
« mon sang. Ah! était-ce là ce que le prince
« votre oncle m'avait promis à Paris, lorsqu'il
« me jura si solennellement que quelle que fût
« la chance qui se présenterait, il n'en profite-
« rait jamais au désavantage de notre famille, et
« qu'il ne pourrait oublier le pardon de la bran-
« che aînée, et l'accueil que la nôtre lui avait
« fait lorsqu'il était dans le malheur. »

Sentence terrible portée contre le roi des barricades.....

CHAPITRE X.

Douleur que cause à Madame la mort de son père. — Arrivée de M. de Bourmont. — Réponse de Madame, de Charles X et de Madame la Dauphine à la proposition qui leur fut faite de faire couronner Henri V roi de France, si on consentait à abandonner Alger aux Anglais. — Renseignemens favorables donnés par M. de Bourmont sur les dispositions de l'Espagne. — Lettre contenant des détails curieux sur la cour de Louis-Philippe. — Calomnie de M. Briqueville à l'occasion de la naissance de S. A. R. le duc de Bordeaux. — Réponse de M. Deneux. — Arrivée de MM. de Cadoudal. On leur fait une très bonne réception. — Lettre d'un prince du Nord à Madame sur les dispositions des puissances alliées. — Madame refuse des secours étrangers.

---o---

Madame était attérée de la perte de son père; sa douleur était d'autant plus profonde qu'en la concentrant, elle refusait toute espèce de consolations.

Ses serviteurs voulurent vainement adoucir ses regrets :

« Ah ! si vous saviez, leur dit-elle, combien
« il est affreux de se voir enlever à la fois l'au-
« teur de ses jours et l'héritage de son fils, vous

« comprendriez mon désespoir, et ne cherche-
« riez pas à le calmer par des consolations inu-
« tiles. Je succomberais à tant d'afflictions, si
« je n'avais un grand devoir à remplir. »

On respecta la volonté de Madame, laissant au temps, et aux affaires importantes qui allaient l'occuper, le soin de soulager ses peines.

Quelques jours après ce déplorable événement, le comte de Bourmont vint enfin joindre la famille royale.

Cet officier-général distingué, aussi brave que prudent et chéri du soldat, n'a eu qu'un tort irréparable à se reprocher, celui d'avoir suivi Napoléon jusqu'à la veille d'une bataille. C'est le moment où un homme loyal fait taire ses affections pour n'écouter que son honneur. Ce fut une faute dont on lui a fait un crime ; mais ne l'a-t-il pas rachetée par ce qu'il fit, comme ministre, en faveur de l'armée ; par la conquête d'Alger, qui sera une des plus belles pages de notre histoire ? Et depuis quand la France n'a-t-elle point pardonné une défection à ceux qui l'ont réparée par de glorieux triomphes? Qui se souvient que Condé, que Turenne furent rebelles? Alger est-il donc une conquête de si peu d'importance qu'elle ne puisse faire oublier de plus grands torts? Est-ce parce qu'on veut la rendre à l'Angleterre qu'on dédaigne un si beau fleuron de notre couronne? Oui, on a proposé d'abandonner Alger; l'offre en a été faite; et si MADAME et Charles X avaient consenti à la remettre entre les mains du souverain de la Grande-Bretagne, pour la réunir au royaume de Hanovre, comme on le desirait alors, Henri de Béarn aurait été reconnu roi de France.

Cette négociation a été ouverte dès le lendemain de l'arrivée de la famille royale en Angleterre, et repoussée dès le même jour avec autant de dignité que d'énergie.

MADAME, quand on vint lui en parler, s'écria :

« Je viens ici pour chercher un asile au nom
« du malheur, et non pour payer de ma honte
« cette hospitalité. Je veux rendre à mon fils sa
« couronne intacte, et ce serait la briser sur sa
« tête que de lui enlever Alger. »

Charles X tint à peu près le même langage.

Madame la Dauphine demanda assez amèrement si, depuis le nouveau règne, la coutume, en Angleterre, était de vendre ce qui jadis lui avait été accordé plus généreusement.

Le maréchal comte de Bourmont se présenta devant Madame avec une contenance triste. Il lui donna des renseignemens précis sur ce qu'on pensait de sa cause en Espagne; il l'assura que tous les cœurs étaient pour elle, que la dernière révolution ne trouverait dans la péninsule que des ennemis; que la royauté, la grandesse, la noblesse, le clergé et le peuple travaillaient pour Henri V; que déjà on y organisait plusieurs régimens de Français-Royalistes, et que l'on préparait des fonds pour soutenir cette cause sacrée, avec tant de publicité, qu'il était impossible que le gouvernement de Louis-Philippe n'en eût pas connaissance.

Ce fut dans le mois de novembre que le cabinet anglais, présidé par lord Wellington, qui n'avait pas su défendre la légitimité en France, succomba sous la majorité des partisans de la réforme. Lord Grey fut appelé à former le nouveau ministère ; mais les membres qui le composèrent ne penchaient point pour la cause de Henri V ; plusieurs même s'y montraient contraires ; aussi, bien que MADAME eût à se plaindre de lord Wellington, elle déplora sa chute qui laissait le champ libre aux ennemis de sa famille.

Pour distraire S. A. R. de la tristesse de ses pensées, M. de ***, qui recevait de temps en temps des lettres de France, lui en donnait communication, lorsqu'elles étaient de nature à lui inspirer quelqu'intérêt. En voici une qui ramena un instant le sourire sur ses lèvres :

« Eh bien, mon ami ! après un choc violent,
« le char monarchique rentre dans la voie ac-
« coutumée, pour ne pas dire l'ornière, dans
« la crainte de parler avec irrévérence de la
« royauté-citoyenne. Cependant celle-ci cher-
« che déjà à nier son origine, afin de laisser
« croire qu'elle ne date pas d'hier. On ne peut
« plus se présenter maintenant aux cercles du
« Palais-Royal qu'en brillant costume, si l'on
« ne veut être l'objet de la risée des courtisans

« républicains, ou se laisser éclipser par leur
« splendeur. M. Mérilhou, par exemple, est tel-
« lement galonné sur toutes les coutures qu'on
« le confond avec le chasseur qui figure derrière
« son carrosse.

« Ceux qui viennent à pied chez Louis-Phi-
« lippe ne franchissent les postes militaires
« qu'après des explications fort pénibles pour
« l'amour-propre, outre qu'ils sont bafoués par
« la valetaille du vestibule. Les cours d'hon-
« neur sont interdites aux fiacres et aux cabrio-
« lets de place, ce qui, entre nous soit dit, res-
« semble terriblement au retour des anciens
« priviléges; mais, en revanche, l'épouse de
« l'épicier peut, à l'aide d'un remise, n'être
« sifflée que dans les appartemens royaux.

« On vit au jour le jour, sans prendre la
« peine de se faire une règle de conduite.
« Chaque ministre est au ministère pour rem-
« plir physiquement sa place, et rien de
« plus. Malheur au royaume qui tombe entre
« les mains des avocats et des banquiers !
« C'est pis encore que les philosophes, dont

« le grand Frédéric menaçait les provinces
« qu'il voulait châtier. La Bourse est toujours
« le grand thermomètre politique. Le père
« d'une sorte de ministre fait faire à son fils des
« profits *conséquens*; la maîtresse d'une auto-
« rité libérale, bien que femme de qualité, aide
« aussi à plumer la poule, mais avec des pro-
« testations de dévouement pour l'humanité,
« qui font plaisir à entendre. Les pots-de-vin
« jouent pareillement leur rôle dans ce chaos
« universel; l'intégrité de nos fabricans s'en
« accommode au mieux; c'est, enfin, à qui ar-
« rachera un lambeau de la monarchie à bon
« marché. Celle-ci est représentée d'une ma-
« nière assez plaisante dans une caricature fort
« spirituelle : c'est un charlatan, aux formes
« communes et aux énormes favoris, qui, monté
« sur des tréteaux, crie, à la multitude rassem-
« blée autour de lui : « *Citoyens et citoyennes,*
« *il faudrait ne pas avoir dans sa poche la ba-*
« *gatelle de dix-huit millions pour se passer de*
« *la meilleure des républiques.* »

« Ah! mon ami, que de masques tombés,

« que de réputations usurpées et revenues à leur
« état naturel! Chaque jour voit s'éclipser un
« de ces astres qui ne brillait que d'un éclat
« emprunté. Nous avons en action la fable des
« bâtons flottans de Lafontaine; que de dés-
« appointemens, que de conversions d'honnêtes
« revenans à la bonne cause, qui avouent, avec
« humilité, s'être laissés tromper jusque-là par
« les apparences.

« Laissons encore couler l'eau, et la majorité
« du peuple viendra à nous; il est impossible
« qu'il n'ouvre pas enfin les yeux sur les jon-
« gleries avec lesquelles on cherche à surprendre
« sa bonne foi.

« Le ministère actuel n'est pas plus solide que
« les précédens. En attendant, l'astre de la
« royauté voit graviter autour de lui un tour-
« billon de généraux; l'armée, dans cette cir-
« constance, comme dans toute autre, fournit
« le plus grand nombre de ceux qui s'empres-
« sent, après la victoire, de se rallier au vain-
« queur, etc., etc. »

La lecture de cette lettre fit diversion aux pensées tristes de MADAME. Toutefois il lui restait un chagrin qu'elle ressentait bien violemment, celui fondé sur les doutes que l'on avait élevés sur la naissance de son fils. De temps en temps, quelque libelliste anonyme reproduisait ces lâches calomnies, que les amis de la légitimité repoussaient avec horreur dans leurs feuilles royalistes; enfin, un député, M. de Bricqueville, ayant répété ce mensonge devant la chambre assemblée, M. Deneux, chirurgien-accoucheur de MADAME, envoya à tous les journaux la lettre suivante, qu'insérèrent ceux qui savent respecter la vérité et le malheur :

Paris, 29 janvier 1831.

« Depuis quelques mois, de vils pamphlétaires
« n'ont pas honte d'amasser mensonge sur men-
« songe, pour jeter du doute sur la légitimité
« de Son Altesse Royale Mgr. le duc de Bor-
« deaux. Quelqu'intéressé que j'aie pu être dans
« la question, je n'ai pas cru devoir répondre à
« des misérables qui ne vivent que de calomnies,

« et qui, rougissant sans doute de leur infamie,
« se cachent sous le voile de l'anonyme. Aujour-
« d'hui qu'un député a osé, dans le sein même
« de la chambre, répéter ces calomnies, il ne
« m'est plus permis de me taire; quelques mots
« suffiront à ma réponse. Il n'est sans doute pas
« dans l'intérêt de la dynastie assise aujourd'hui
« sur le trône de France, d'envelopper de mys-
« tère la substitution d'un enfant qui lui portera
« tant ombrage, de cacher un crime qui n'au-
« rait été commis que contre elle.

« Si le silence qu'elle garde ne suffisait pas
« pour convaincre, il resterait un moyen que
« l'honnêteté ne repousserait pas : je veux par-
« ler d'une enquête. Plusieurs personnes qui
« ont assisté à l'accouchement de Madame la
« duchesse de Berri existent encore, et, parmi
« elles, il en est qui, sous le rapport de l'hon-
« neur, ne craignent pas la comparaison avec
« M. de Bricqueville.

« *Signé* Deneux. »

Cette lettre et cette provocation à une enquête

juridique demeurèrent l'une et l'autre sans réponse.

Il est des choses que certaines gens tiennent à ne jamais éclaircir, parce qu'elles tourneraient à leur honte.

Quelque temps après la publication de cette lettre, MM. de Cadoudal, qu'on avait essayé d'arrêter en Vendée et qui avaient pris la fuite, arrivèrent en Angleterre.

Ces braves défenseurs d'une cause pour laquelle les leurs ont prodigué leur sang, se hâtèrent de franchir la distance qui les séparait d'Holy-Rood. Ils furent reçus par la famille royale selon leur mérite, et de manière à les consoler des persécutions dont ils étaient victimes.

Madame la Dauphine dit en les voyant :

« Nous ne serons plus seuls; voici nos fidèles
« Vendéens. Vous venez, messieurs, augmenter
« une famille dont vous méritez toute la recon-
« naissance. »

Charles X leur exprima avec chaleur le plaisir qu'il avait à les voir. Quant à MADAME, elle leur dit d'un ton profondément ému :

« Messieurs, venez-vous me chercher? M'est-il
« permis de vous suivre?»

Ces nobles Français, touchés jusqu'aux larmes, tombèrent aux pieds de Mgr. le duc de Bordeaux, car ils le reconnaissaient pour leur véritable souverain. Le jeune prince les releva en leur disant:

« Vous à mes pieds, messieurs! Ah! c'est
« dans vos bras que je dois être.»

Et il s'y précipita avec autant d'effusion que de majesté. Cette scène attendrit les spectateurs, et il s'échappa de toutes les bouches un cri de *Vive le Roi!* qui, en Écosse, parut fort légitime, bien qu'il eût été séditieux en France.

MM. de Cadoudal, enchantés d'une pareille réception, se crurent trop récompensés des infortunes que leur fidélité avait attirées sur leurs têtes.

M. d'Hérouville, dont le royalisme éprouvé est le moindre des mérites, était venu un peu avant cette époque, augmenter la société d'Holy-Rood. Il entretint S. A. R. de la situation des affaires en France, et lui certifia qu'un mouvement en faveur de Henri V serait suivi de succès ; mais qu'on ne pouvait l'entreprendre sans le concours d'un des membres de la famille royale, dont la présence était indispensable.

Madame, dont l'unique desir était d'aller en personne augmenter l'enthousiasme des partisans de son fils, comprenait parfaitement ces raisons; mais, seule, que pouvait-elle faire contre les obstacles invincibles qui suspendaient le consentement de Charles X ?

Il y a des personnes qui croient que le premier devoir d'un sujet fidèle est de ne point exposer la sûreté des princes, même lorsqu'il s'agit de toutes les espérances d'une nation. Cette question est trop délicate pour la soulever ici ; ce que je puis affirmer, c'est que Madame a une répugnance invincible à réclamer l'appui des rois alliés pour le succès de la cause de son fils.

Voici la lettre qu'un des plus grands princes du Nord écrivait à Madame :

« Je voudrais pouvoir répondre à Votre Al« tesse Royale d'une manière conforme à ses

« desirs, en évitant de faire marcher contre la
« France les troupes que je destine à cette
« guerre lorsqu'elle viendra à éclater; mais il
« n'est pas en mon pouvoir de rien décider à
« ce sujet, étant lié par le traité de la Sainte-
« Alliance, dont un des articles oblige chacun
« des signataires à tout tenter pour comprimer
« la rébellion partout où elle se montrera. Si les
« serviteurs du Roi, votre fils, ont assez de force
« pour effectuer en France la contre-révolution,
« avant que les divers contingens européens
« soient en route, nous nous tiendrons en repos ;
« mais si dans le cours de cette année la ques-
« tion était encore indécise, nous la déciderions
« immédiatement après ; car il faut avant tout
« maintenir le principe sacré de la légitimité.
« La France, d'ailleurs, qui par ses dissensions,
« trouble depuis quarante ans la paix de l'Eu-
« rope, a besoin d'être pacifiée autant dans ses
« intérêts, que dans celui des autres puissances.
« Bientôt la minorité du Roi, votre fils, deman-
« dera à être appuyée sur la force; cette force
« viendra de notre concours, et nous travaille-

« rons à ce qu'il ne soit plus question dans ses
« états de ces principes perturbateurs qui agitent
« le monde, et que nous devons extirper dans
« l'intérêt de tous les trônes.

« Il me serait doux aussi de pouvoir offrir à
« Votre Altesse Royale les sommes nécessaires
« pour opérer la contre-révolution par le seul
« soulèvement de l'intérieur; mais les calamités
« qui pèsent sur mes états ne me permettent
« pas de suivre en cela l'impulsion qui m'y
« porte; j'ose à peine envoyer à Votre Altesse
« Royale ce que je puis mettre à sa disposition,
« et je ne m'y décide que dans l'espérance
« qu'elle y verra du moins mon extrême desir
« de la servir.

« Mes alliés ne sont pas plus riches que moi;
« la commotion qui a ébranlé l'Europe se fait
« sentir depuis le premier degré de l'échelle
« jusqu'au dernier. C'est le cas où de fidèles
« serviteurs devraient imposer des taxes volon-
« taires sur leurs fortunes, afin de servir la
« cause de leurs princes. L'égoïsme qui, dans
« ces circonstances, ferme sa bourse, fait un

« mauvais calcul; car le temps viendra où il
« sera forcé de la vider toute entière si les puis-
« sances de l'Europe sont contraintes une troi-
« sième fois à venir occuper la France : c'est
« une vérité qu'il m'est pénible de dire à Votre
« Altesse Royale, et dont je voudrais que ses
« agens fussent convaincus.

« La reconnaissance que nous faisons aujour-
« d'hui du gouvernement français ne nuit en
« rien aux droits de la légitimité. Tous les mo-
« narques avaient reconnu Napoléon Bonaparte
« empereur des Français, et cela n'a pas em-
« pêché qu'ils ne l'aient détrôné pour rendre
« au Roi, votre oncle, la couronne de ses pères.
« Ainsi donc, que ce sacrifice passager fait aux
« circonstances cesse d'alarmer Votre Altesse
« Royale; nous sommes tous intéressés à ce que
« la branche aînée des Bourbons tienne tou-
« jours le sceptre de France.

« Veuillez donc agréer, Madame la duchesse
« de Berri et régente, etc., etc., etc. »

Cette réponse, comme on doit le croire, fut loin de tranquilliser Madame, puisqu'elle lui fournit la certitude que les puissances étrangères ne renonçaient pas au projet d'une troisième invasion. Elle en éprouva une vive douleur; et une personne d'Holy-Rood ayant choisi maladroitement ce texte pour la féliciter sur ces assurances de rétablissement, la princesse repartit avec vivacité :

« Eh! Monsieur, Dieu me préserve de m'en
« réjouir! Il est un moyen infaillible de m'em-
« pêcher de retourner en France avec mon fils,
« c'est celui de prétendre l'y faire rentrer avec
« le concours des armées étrangères. Henri V
« doit se montrer aux Parisiens au milieu de
« Français fidèles, et non à la suite de bataillons
« de cosaques et autres. Mon fils, j'en suis per-
« suadée, ne voudrait pas de la couronne à ce
« prix, s'il était en âge de prendre lui-même
« une décision. »

Quelque temps après, MADAME, prenant M. de *** à part, lui dit :

« Que pensez-vous de ces hommes qui osent
« rêver l'invasion étrangère? Sont-ce là de vrais
« citoyens? Oh! non, la crainte de prendre soi-

« même les armes peut seule faire naître ce vœu
« parricide. Quelle restauration, grand Dieu!
« que celle qui reposerait sur le triomphe de nos
« ennemis, sur de nouvelles pertes de territoire,
« des villes incendiées, des campagnes ravagées,
« et mille autres calamités dont je n'ose envi-
« sager l'horrible tableau! Que mon fils meure
« loin de sa patrie, plutôt que de consentir à
« attirer tant de maux sur elle! »

Madame se maintint toujours dans cette noble pensée. Toutes ses idées, toutes ses opinions étaient grandes et généreuses : aussi n'était-elle pas d'accord avec ceux qui trouvaient tout naturel que les royalistes se tinssent tranquilles en attendant les alliés, malgré la honte qui devait en rejaillir sur eux comme Français.

On pouvait fonder des espérances plus certaines sur un mouvement intérieur général et simultané. Il y avait trois maréchaux sur lesquels on croyait pouvoir compter, ainsi que sur une foule de lieutenans-généraux. Il fallait surtout faire fond sur les officiers de grades inférieurs, et plus encore sur les sous-officiers, dont les opinions sont contraires à la souveraineté du peuple!....

Tous les émissaires qui arrivaient de France ne cessaient de représenter l'armée comme humiliée, et supportant avec impatience la révolution de juillet. MADAME a espéré et espère encore beaucoup de ces mécontens, décidée qu'elle était à se rendre sur le territoire français, et à partager les périls de ceux qui prendraient les armes pour son auguste fils.

CHAPITRE XI.

Grand travail fait à Holy-Rood pour organiser un mouvement général en France. — Charles X, circonvenu par le cabinet anglais, ajourne à un temps plus reculé l'exécution des projets concertés. — Madame insiste pour une prompte expédition. — Les conseillers se déclarent contre l'opportunité de l'exécution. — — Madame va prendre les eaux de Bath, et consent, sur ses vives instances, à emmener avec elle, sous le déguisement de valet-de-chambre, M. de ***, dont la fidélité lui est connue. — M. de *** va prendre congé de Henri V et de Charles X. Paroles mémorables du jeune prince et de son aïeul. — Le cabinet anglais, instruit des projets de Madame, lui envoie un diplomate habile, M. B.... — Conversation pleine d'intérêt entre la princesse et cet envoyé. — Réflexions pénibles que fait faire à Madame cette entrevue.

Les renseignemens arrivés de toutes parts à la famille royale, et qui tous s'accordaient à signaler les diverses provinces du royaume, particulièrement celles du midi et celles de l'ouest, comme animées du meilleur esprit pour la cause de Henri V, déterminèrent, à Holy-Rood, un travail important, auquel devaient concourir tous ceux qui avaient le bonheur d'être honorés de la confiance des princes, et dont le résultat était d'organiser un mouvement général qui devait éclater dans les diverses parties de la France, le même jour et à la même heure. Voici l'acte qui fut rédigé alors, et dont les articles, enveloppés sous le voile du mystère, ont transpiré et sont venus à la connaissance de quelques bons royalistes :

1°. Dans une séance solennelle indiquée soit à Barcelone, soit à Pampelune, afin qu'un très-grand nombre de Français pussent y assister, le roi Charles X et Mgr. le Dauphin, en présence des princes espagnols, de certains prélats et de grands d'Espagne, appelés pour servir de témoins, renouvelleraient ou confirmeraient leur abdication en faveur de leur petit-fils et neveu.

2°. Un second acte de ces princes concèderait à Madame, duchesse de Berry, tous droits à la régence, renonçant eux-mêmes à ceux qu'ils pourraient y avoir.

3°. La Régente et les personnes de la famille royale procèderaient ensuite à la formation du conseil-général de régence, qui perpétuerait ses fonctions jusqu'à la nomination solennelle et définitive du conseil national de régence, qu'institueraient les États-Généraux du royaume de France.

4°. Madame la Régente, après avoir pris les avis du conseil provisoire, convoquerait à Toulouse, pour cette année seulement, les États-Généraux, dont, par mesure d'urgence, elle règlerait le mode de nomination, qui plus tard, deviendrait le fait de l'assemblée.

5°. Nomination de quatre maréchaux de France, pour prendre le commandement de quatre armées d'insurrection royaliste, au midi, au nord, à l'ouest et à l'est. Le duc de Raguse, dans la Vendée, le comte de Bourmont, dans la Vendée et la Bretagne, les deux autres sont connus; un cinquième, désigné *in petto*, devait se tenir prêt à diriger la garde nationale de Paris et du centre de la France. Le bâton de connétable serait mis en réserve pour récompenser celui qui donnerait les plus grandes preuves de dévouement.

6°. Dès que le Languedoc serait dégagé, Madame la Régente et le Roi, son fils, viendraient ouvrir les États-Généraux à Toulouse, tandis que Madame la Dauphine occuperait l'ouest, et que Mgr. le duc d'Angoulême se montrerait à Lyon.

7°. Tout corps de troupes offert par les puissances étrangères ne serait pas accepté, à l'exception de l'armée espagnole, attendu qu'elle fait partie de la grande famille française, parce qu'elle a pour chef une branche de la maison de Bourbon.

8°. Une proclamation de la Régente accordera confirmation de grade à tout officier français qui, dans les premiers mois du soulèvement, aura fait sa soumission. Amnistie pleine et entière aux déserteurs qui rejoindront les troupes royales. Punition et châtiment à tout chef civil ou militaire qui prolongera la résistance.

9°. L'antique constitution française rétablie, avec les modifications en rapport avec les idées nouvelles.

10°. La presque totalité des places données au concours.

11°. Les anciens droits des cités maintenus; la

liberté individuelle assurée ; la liberté de la presse fondée sur des lois sévères contre les abus.

12°. Toutes les questions graves d'administration soumises aux États-Généraux, qui seuls pourront ordonner la levée des impôts.

Tel était le plan sur lequel était basée la plus hardie et la plus légitime de toutes les entreprises. Il ne devait pas recevoir une aussi prompte exécution que celle qui lui avait été assignée.

L'Angleterre, qui a un intérêt bien réel à conserver la famille royale et particulièrement Henri V sur son sol, comme une sorte d'ôtages, usa de sa politique adroite pour faire circonvenir Charles X, en lui faisant observer que si l'Espagne faisait une levée de boucliers sans succès, la cause de Henri de Béarn se trouverait évidemment compromise; que trop de précipitation lui nuirait beaucoup, et qu'il fallait attendre patiemment le temps opportun pour arriver au but qu'on se proposait. On lui représenta en outre les mers voisines, comme couvertes de vaisseaux français qui pourraient mettre en danger la sûreté de la famille royale, dans le cas où un capitaine téméraire tenterait un coup hardi.

Ces observations eurent, sur l'esprit de Charles X, toute l'efficacité qu'on en attendait, et sans renoncer au projet arrêté dans sa famille, il crut qu'il l'exécuterait avec plus de certitude en remettant son voyage en Espagne à un temps plus reculé.

Madame, avec sa vivacité accoutumée, essaya de combattre cette nouvelle détermination, et elle fut soutenue avec chaleur par tout ce qu'il y avait de serviteurs véritablement dévoués autour du Roi, et même par MM. Capelle et d'Haussez; mais il y en eut parmi les personnes consultées qui, bien qu'attachées sincèrement à la cause de leur maître, se déclarèrent contre cette expédition, et s'associèrent, par les méticuleux conseils de leur incapacité, à la politique insidieuse du ministère anglais.

Dans ces entrefaites, Madame résolut d'aller prendre les eaux à Bath.

L'attachement que lui portait M. de***, dont

j'ai eu l'occasion de parler, lui inspira la pensée d'offrir à Madame de l'accompagner en revêtant la livrée d'un valet-de-chambre, puisqu'elle devait voyager sans suite, afin d'être plus à même, à la faveur de ce déguisement, de garantir la princesse de tous les dangers qu'elle pouvait courir. Madame, touchée jusqu'aux larmes d'un tel dévouement, accepta les offres de service de M. de***, et lui témoigna combien elle y était sensible.

« Maintenant, lui dit S. A. R., je puis aller
« au bout du monde, et vous m'enhardirez à
« passer sur le continent.

« — Oui, Madame, s'écria M. de*** avec feu,
« venez-y vous et votre fils ; nous gagnerons la
« péninsule espagnole, et là, les secours ne nous
« manqueront pas.

« — Hélas ! dit la princesse en soupirant, les
« chaînes qui retiennent le duc de Bordeaux
« auprès de sa famille sont trop fortes pour que
« j'essaie de les briser ! Le roi Charles X, en
« restant dans l'inaction, se repose sur la Pro-
« vidence ; mais il vaudrait mieux appeler ses

« faveurs par un de ces coups hardis qui déci-
« dent souvent du sort d'un empire. »

MADAME alors, dans un entraînement que l'expression du dévouement de M. de*** avait peut-être provoqué, daigna lui faire part de tous les obstacles qu'on opposait à ses desirs; elle lui dit que, dans une discussion qui s'était élevée récemment, on avait été jusqu'à lui rappeler que, sur ce même sol anglais, Marguerite d'Anjou avait vu périr son fils unique, pour s'être opposée à ce qu'on le mît à l'abri du danger.

M. de*** comprit la position délicate de MADAME, et ne voulant point aggraver son chagrin, il lui dit que sa présence seule suffirait pour donner de l'enthousiasme aux plus indifférens.

« Ah! quant à moi, répondit S. A. R., je ne
« manquerai point à mes amis; ils ne lèveront
« pas une bannière blanche qu'ils ne me voient
« dans leurs rangs. Jeanne d'Arc n'a-t-elle pas
« donné à son sexe l'exemple du courage? Et une
« mère peut-elle en manquer quand il s'agit de
« reconquérir la couronne de son fils? Non, les
« périls ne m'effraient point; je les affronterais

« même avec joie, dussé-je y succomber, si en
« mourant je voyais le duc de Bordeaux assis
« sur le trône de ses pères. »

M. de*** avait quelqu'inquiétude que d'autres fidélités envieuses ne s'armassent contre lui de ces objections, dont la prétendue prudence cache le vrai motif. Il ne put s'empêcher de le dire à la princesse.

« Tranquillisez-vous, me répondit-elle, je
« ne suis pas tellement soumise à la volonté des
« autres, que je ne puisse suivre la mienne
« lorsque j'y vois de l'avantage. J'ai accepté
« votre offre, et rien ne pourra maintenant me
« faire changer de résolution. »

M. de*** alla prendre congé du jeune prince qui apprit avec peine que ce fidèle serviteur s'éloignait.

« Monseigneur, lui dit-il, ce sont vos inté-
« rêts que je vais servir.

« — Dites, répliqua-t-il, ceux de la France,
« car les miens ne font qu'un avec les siens.
« Assurez tous ceux qui vous parleront de moi
« que je m'ennuie en Écosse, et que je suis im-

« patient qu'on me rappelle au milieu de mes
« compatriotes, où j'étais si heureux ! »

En parlant ainsi, le noble enfant ne put retenir quelques larmes.

M. de*** lui demanda la permission de lui baiser la main ; il la lui tendit, puis, s'approchant de lui, il l'embrassa en lui disant :

« Ceci est pour moi, et le reste pour vous. »

A cette faveur inattendue, il se précipita aux pieds du prince et lui renouvela avec chaleur le serment d'une fidélité éternelle. S. A. R. le remercia, lui rappela une foule d'officiers de la garde royale et de gardes-du-corps dont M. de*** croyait qu'il ne se souvenait plus, en le priant, s'il les rencontrait, de leur dire qu'il pensait toujours à eux, et qu'il aurait bien de la joie à les revoir. Il quitta Mgr. le duc de Bordeaux, enchanté de son gracieux accueil, et persuadé qu'il ne pourrait jamais faire assez pour lui prouver sa gratitude.

Il souhaitait rendre aussi ses derniers hommages au roi Charles X, et il fit solliciter cet honneur, que Sa Majesté daigna lui accorder.

Le monarque, dans cette entrevue, conserva la majesté tranquille et la sérénité d'une conscience qui ne lui reprochait rien ; il lui parla avec autant d'affection que de bonté, puis il ajouta :

« Je vous recommande la prudence ; une
« vaste carrière va s'ouvrir devant vous, vos
« soins ne doivent plus se borner désormais à
« servir obscurément Madame ; bientôt elle vous
« confiera des intérêts importans, et tout m'as-
« sure qu'ils seront entre bonnes mains. »

Le Roi s'arrêta, comme pour réfléchir, puis, reprenant la parole :

« On m'a indignement calomnié en France ;
« on m'a prêté des propos que je n'ai point te-
« nus ; démentez-les partout où cela sera né-
« cessaire ; je veux du moins conserver l'estime
« des Français, si je ne puis en être aimé. On
« me reproche d'avoir été altéré du sang de mes
« sujets, et pendant mon règne, il n'y a pas eu
« un seul échafaud dressé pour délit politique !
« Mais je ne dois point murmurer contre l'in-
« justice des hommes, si c'est Dieu qui l'a voulu

« ainsi ; car ce n'est qu'en se résignant à sa vo-
« lonté que nous supportons patiemment les
« maux qu'il lui plaît de nous envoyer. »

Que de vérité et de grandeur dans ce peu de paroles !....

Le ministère anglais, qui avait eu connaissance que la princesse venait de recevoir, à Londres, plusieurs de ses serviteurs qui s'y étaient rendus pour se concerter avec elle, et lui proposer une descente sur la côte de Bretagne, en affirmant que cette province et le Poitou n'attendaient que la présence d'un des membres de la famille royale pour prendre les armes en sa faveur, s'empressa de député auprès d'elle, M. B...., membre influent du cabinet britannique, qui lui demanda une audience particulière, que Madame lui accorda, après avoir pris la précaution de prier deux témoins de se tenir dans un cabinet voisin pour entendre la conversation.

M. B.... fut exact au rendez-vous.

Madame le reçut avec bienveillance, et lui demanda quel était l'objet de sa visite.

Il répondit avec beaucoup de respect que le desir de rendre ses hommages à S. A. R. d'une manière particulière, avait déterminé une démarche qu'il se trouvait d'autant plus heureux de faire, qu'il était auprès de Madame l'interprète des bonnes intentions de son gouvernement.

« C'est donc à une cause qui me sera agréa-
« ble, répliqua Madame, que je devrai le plai-
« sir de vous voir. Croyez, Monsieur, que je
« suis fort sensible à cette attention, et toute
« disposée à vous entendre.

« — L'Angleterre, reprit M. B...., est fière
« d'avoir offert un asile à la branche aînée des
« Bourbons; elle voudrait faire plus encore :
« elle laissera les membres de cette maison s'oc-
« cuper activement du succès de leur cause,
« sans y apporter aucun obstacle; elle aidera
« même leurs efforts, si cela est en son pouvoir.
« Ainsi, Madame, vous pouvez être convaincue
« de la sincérité des intentions de notre gouver-
» nement. Il a de plus la ferme volonté de veil-
« ler à la sûreté individuelle de Votre Altesse

« Royale, et à celle de votre auguste famille.
« Ce serait avec douleur qu'il la verrait compro-
« mise.

« — Il est vrai, répondit la princesse, que
« le sol anglais est foulé par de vils scélérats
« qui en veulent à notre existence, et même à
« celle de nos fidèles serviteurs.

« — Je me flatte qu'il n'en est rien, Mada-
« me; le gouvernement veille à tout avec une
« activité sans relâche; il voit, par exemple,
« avec peine que Votre Altesse Royale, sans sub-
« sides, sans munitions, sans troupes et sans
« marine, veut tenter une descente en France,
« où des dangers certains l'attendent. Croyez,
« Madame, que le gouvernement anglais prend
« trop d'intérêt à votre personne pour ne pas
« s'opposer à cette téméraire entreprise.

« — Comment, Monsieur, on s'opposerait à
« mon retour en France?

« — Non, Madame; on empêchera seule-
« ment que vous y entriez à main armée, que
« vous couriez à la mort, ou du moins à une
« captivité certaine.

« — Cela ne regarde que moi, répondit Ma-
« dame d'un ton froid, car elle avait peine à
» maîtriser son indignation. Je suis reconnais-
« sante de la sollicitude que le gouvernement
« anglais montre à mon égard; mais je l'en dis-
« pense à l'avenir, ne voulant écouter de repré-
« sentations que celles que les sujets fidèles de
« mon fils se croiraient en droit de m'a-
« dresser. »

M. B.... parut peu satisfait de cette réponse,
et après avoir réfléchi un instant, il reprit :

« Vous ne songez pas, Madame, que vous ne
« pouvez effectuer une descente en Bretagne ou
« en Normandie sans le secours des puissances
« de l'Europe. Cet acte désespéré, en nuisant à
« votre cause, placera la Grande-Bretagne en
« hostilité ouverte avec le gouvernement fran-
« çais.

« Nous avons reconnu le roi Louis-Philippe;
« il a fait des promesses qu'il n'a pas encore
« remplies, et il s'en croira dégagé si nous au-
« torisons une attaque contre lui.

« — Je comprends maintenant, répartit

« Madame d'un ton ironique, d'où vient l'intérêt
« que le cabinet de Londres porte à la branche
« aînée des Bourbons; il y a eu des promesses
« faites au détriment de la France, et tant qu'el-
« les ne seront pas réalisées, on nous interdira
« la faculté de recouvrer nos droits.

« — L'Angleterre, Madame, voudrait vous
« servir aux mêmes conditions que celles qu'elle
« obtient du nouveau gouvernement français,
« et il dépendrait de Votre Altesse Royale d'a-
« planir les difficultés, car, en votre qualité de
« tutrice...

« — J'exposerais la succession de mon fils !
« Je mutilerais son sceptre avant de le lui ren-
« dre ! Non, jamais; n'y comptez pas, Monsieur.
« J'ignore ce que le ministère de Louis-Philippe
« croira devoir faire dans ses intérêts ; quant à
« moi, ma résolution est irrévocable : je ne cè-
« derai pas un pouce du sol français, dussé-je
« être condamnée à mourir sur une terre étran-
« gère. Vous pouvez donc me parler avec fran-
« chise, maintenant que vous connaissez ma
« pensée.

« — Madame, dit alors le diplomate, nous
« avons reconnu Louis-Philippe roi des Fran-
« çais, et jusqu'à ce que nous ayons à nous
« plaindre de lui ou de son cabinet, nous ne
« permettrons pas qu'une entreprise qui ten-
« drait à le détrôner, s'organise en Angleterre.

« — C'en est assez! s'écria la princesse en se
« levant; on ne peut déclarer plus clairement
« que nous sommes prisonniers ici, tant que
« l'Angleterre jugera convenable à ses intérêts
« de maintenir la royauté de Louis-Philippe.

« — Je me suis alors bien mal expliqué,
« Madame, dit M. B.... sans sortir du phlegme
« britannique, si mes paroles ont pu donner à
« Votre Altesse Royale une idée aussi désavan-
« tageuse de mon gouvernement. Vous êtes en-
« tièrement libre de vos actions et de votre per-
« sonne. On ne veut seulement s'opposer qu'à
« une descente en France, qui paraîtrait auto-
« risée par le roi Guillaume IV.

« — Quand pourrais-je avoir des passeports,
« Monsieur? dit S. A. R. avec noblesse.

« — Dès demain, Madame, si vous le desirez.

« — Fort bien ; je suis impatiente de savoir
« si la France n'a pas quelque possession à cé-
« der, qui puisse racheter ma captivité en An-
« gleterre. »

M. B.... ne répondit pas à ces paroles remplies d'amertume, car, bien qu'Anglais avant tout, il ne pouvait s'empêcher, en homme d'honneur, de sentir que l'indignation de la princesse était légitime. Il lui renouvela ses offres de service, et se retira bientôt après, sa mission étant terminée.

Dès que le diplomate fut sorti, Madame vint tirer ses deux fidèles serviteurs de leur prison. Elle avait le visage enflammé, les yeux étincelans, et elle les trouva peu disposés à calmer ce noble courroux, car ils étaient eux-mêmes désespérés de voir s'écrouler en un instant l'édifice sur lequel leur semblait reposer tout l'avenir de la France.

La famille royale était immolée à l'avidité d'une nation insatiable, parce qu'elle ne voulait pas consentir à abandonner un des plus brillans fleurons de sa couronne.

« Eh bien, Messieurs! leur dit Madame en
« portant un mouchoir à ses yeux, vous venez
« d'en acquérir la preuve, la France est ven-
« due, et on consent seulement à la tenir de
« notre main! Puisse la mienne se dessécher
« avant qu'elle signe un de ces protocoles que
« M. Sébastiani ne rougit peut-être pas d'ac-
« cepter! Non, c'est avec des moyens plus no-
« bles que nous devons reconquérir ce qui nous
« a été enlevé par la violence. Qu'allons-nous
« maintenant devenir, Messieurs? ajouta Ma-
« dame. On m'attend en Bretagne, on doutera
« de mon courage, de mon amour maternel. »

Des larmes interrompirent l'auguste princesse. Ah! dans ce moment, qu'elle était grande
et belle! Quand sa douleur fut un peu calmée,
elle écrivit immédiatement à Holy-Rood, pour
instruire la famille royale de ce qui venait de se
passer, et lui dire que, puisqu'on s'opposait à
ce qu'elle entrât en France par mer, elle tâche-
rait d'y pénétrer par terre, et que rien ne pourrait
l'empêcher d'effectuer ce projet.

CHAPITRE XII.

M. de *** est envoyé en mission par Madame auprès de LL. MM. le roi et la reine d'Espagne. — Bon accueil. — Madame se rend en Suisse et en Piémont. — Ses paroles aux soldats suisses. — Prétendue tentative d'assassinat sur le duc de Bordeaux. Madame se plaint de la faute commise par *la Quotidienne*, en publiant cette fausse nouvelle. — M. de *** se rend à Nice pour rejoindre Madame. — Il traverse tout le Midi et s'assure du dévouement de ces provinces. — Il est prévenu à temps; il se soustrait à une arrestation ordonnée. — Son arrivée auprès de Madame. — Discours de S. A. R. — Elle accueille les guides de M. de ***, et leur adresse une allocution.

Les marques de confiance que Madame accordait à M. de *** s'étaient accrues de jour en jour, en raison des preuves multipliées de zèle et de dévouement qu'elle ne cessait d'en recevoir. Il fut chargé d'une mission de la plus haute importance auprès du roi et de la reine d'Espagne. Arrivé à Cadix, il eut l'honneur d'être admis d'abord en audience particulière auprès de l'infant don Carlos et de l'épouse de ce prince, infante de Portugal, sœur de don Pedro et de don Miguel; il en reçut l'accueil le plus favorable.

L'infante venait d'éprouver elle-même un grand chagrin causé par la chute de don Pedro du trône du Brésil, et par les menaces que le gouvernement français était sur le point d'effectuer contre don Miguel. Cette princesse dit à M. de *** :

« La cause de Madame la duchesse de Berri
« est la nôtre; nous sommes solidaires les uns
« des autres. Si les libéraux sont victorieux à
« Lisbonne, ils le seront bientôt en Espagne,
« et ce sera fait de la maison royale des Bour-
« bons.

« — Il est vrai, répondit M. de ***, que les
« révolutionnaires ont le projet de renverser
« tous les trônes, et il est dans l'intérêt des sou-
« verains de repousser la démagogie. »

Don Carlos questionna M. de *** sur les secours que Madame espérait tirer de l'intérieur, et sur les dispositions du centre, de l'est et du nord du royaume. Il fournit, sur ce point, tous les renseignemens qu'il avait lui-même. S. A. R. en parut satisfaite :

« Si les événemens prennent cette tour-
« nure, la contre-révolution ne se fera pas at-
« tendre; l'Espagne l'aidera de tous ses moyens ;
« mais l'Espagne elle-même a besoin que la
« France la seconde; il faut surtout que Ma-
« dame la duchesse de Berri ne se jette pas dans
« les bras de l'Autriche.

« — Madame ne demande pas des armées,
« elle refuserait de reparaître en France avec
« un tel concours. Cependant S. A. R. en ex-
« cepterait les seules troupes espagnoles, parce
« qu'elles appartiennent à la famille ; du reste
« elle ne veut que des démonstrations de cabi-
« net, qui annoncent qu'on reconnaît la légiti-
« mité de ses prétentions. »

L'Infant, véritable Espagnol, parut comprendre parfaitement cette délicatesse de la princesse.

« En effet, dit-il, l'étranger est toujours
« de trop dans un royaume, et malheur au
« souverain qui l'appelle, hors toutefois quand

« on s'adresse aux princes de son sang, et
« qui sont portés de cœur à vous obliger.
« Nous n'oublierons jamais le service que nous
« a rendu la cour des Tuileries en 1823; aussi,
« Monsieur, nous saurons acquitter notre dette. »

La princesse le questionna ensuite sur la personne de Madame, sur ses goûts et ses habitudes. C'est ainsi que se termina cette conférence, dans laquelle M. de *** puisa de nouvelles espérances pour l'avenir.

Il se rendit de suite à Madrid, selon ses instructions, pour obtenir audience du roi ; mais elle fut retardée par suite de la mauvaise santé du monarque. L'étiquette exigeait que l'on ne pût voir la reine avant le roi ; mais on daigna s'en écarter, afin de faciliter à M. de *** l'occasion de remettre plus promptement à Sa Majesté la lettre de son auguste sœur dont il était porteur.

La reine d'Espagne, belle, douce et bonne, reçut, de la main de ce dévoué serviteur, les dépêches de Madame, avec les marques d'un profond attendrissement.

« Ah! Monsieur, lui dit-elle, voilà quarante
« ans que la proscription et l'assassinat fondent
« sur ma famille! Il semble que Dieu veuille
« nous faire épuiser jusqu'à la lie la coupe de
« l'infortune! Dites à S. A. R. que notre affec-
« tion pour elle ne variera jamais, et que nous
« nous occupons des intérêts de son fils, bien
« que les apparences puissent lui faire croire le
« contraire. Que la princesse ma sœur se re-
« pose sur nous ; il viendra peut-être des temps
« plus heureux. Aurions-nous pu croire qu'une
« princesse de notre sang, que la sœur de notre
« auguste père, consentirait à s'asseoir sur un
« trône.... »

La reine s'arrêta. M. de *** était vivement
ému. Sa Majesté lui parut avoir autant de sensibilité que de noblesse, et elle lui fit presque oublier la souveraine, en lui montrant la tendresse
touchante d'une sœur pour une sœur dans l'infortune.

Pendant que l'homme qui possédait sa confiance s'était dirigé sur Madrid, MADAME quittait
l'Angleterre, déterminée à ne plus y revenir que

pour chercher ses enfans, si la fortune lui était contraire. Ce fut pour elle un bien douloureux sacrifice que de s'éloigner de tout ce qui lui était cher au monde, et particulièrement de son fils, pour lequel elle allait tenter le destin. Cependant, s'armant de fermeté et de courage, elle se décida à entreprendre cette grande œuvre, attendant tout de Dieu, de son bon droit et de ses fidèles amis.

Débarquée en Hollande, S. A. R. traversa rapidement le royaume pour se diriger vers la Suisse et le Piémont, où il lui était promis de nombreux secours.

Madame trouva dans cette belle Suisse un grand nombre de ces braves soldats qui, pendant les journées de juillet, défendaient la monarchie, comme ils l'avaient fait au 10 août. La princesse les reçut avec la touchante et gracieuse sensibilité qui donne du prix à ses moindres remerciemens.

« Il m'est pénible de vous avouer, leur dit-
« elle, que dès l'instant où la France s'est pro-
« noncée contre vous, je dois, au nom de mon

« fils, renoncer à votre service dans l'armée
« française, car un souverain qui tient à être
« aimé ne peut agir contre le vœu de la nation. »

Les Suisses comprirent le motif qui guidait la princesse, et en admirèrent davantage sa loyauté et sa franchise.

La *Quotidienne*, dans son numéro du 11 juillet 1831, avait inséré un article ainsi conçu :

« Dans notre dernier numéro nous avons an-
« noncé, d'après notre correspondance parti-
« culière, qu'une tentative d'assassinat avait été
« commise sur la personne de Mgr. le duc de
« Bordeaux; le temps ne nous a pas permis de
« donner le même jour les détails contenus dans
« la lettre que nous venions de recevoir. Les
« voici; nous ne connaissons pas encore la ver-
« sion des journaux anglais :

« S. A. R. se promenait dans un parc voisin
« d'Édimbourg, accompagnée de trois hommes
« de sa maison, et notamment de M. de La Vi-
« latte, son premier valet-de-chambre. Le jeune
« prince avait pris l'avance sur les trois per-
« sonnes de sa suite en les défiant à la course,

« et M. de La Vilatte a hâté le pas pour rejoin-
« dre son maître, qu'il avait plusieurs raisons
« pour ne pas vouloir perdre de vue. Au détour
« d'une allée ouverte, M. de La Vilatte a aperçu
« un homme qui s'est élancé sur Mgr. le duc
« de Bordeaux, comme un tigre sur sa proie.
« Se précipiter sur le meurtrier, le saisir à la
« gorge et l'écarter de Monseigneur, a été pour
« lui l'affaire d'une seconde. Il paraît que la
« lutte a été terrible : on ajoute que l'assassin
« fut blessé à mort par M. de La Vilatte. On a
« trouvé sur lui deux poignards et deux pisto-
« lets chargés de balles mâchées. En rentrant au
« palais de Sainte-Croix (Holy-Rood), Mgr. le
« duc de Bordeaux s'est rendu premièrement à
« la chapelle, où il est resté en prières jusqu'à
« ce qu'on soit venu le prévenir que son grand-
« père le demandait.

« Le jeune prince n'avait pas donné la plus
« légère marque de frayeur et d'émotion ; mais
« il ne peut plus voir M. de La Vilatte sans ma-
« nifester de l'attendrissement. »

Madame ne voulant pas que de fausses nouvelles

s'accréditassent dans le public, écrivait à son serviteur fidèle M. de *** dans les termes suivans :

« J'ai eu un instant d'effroi impossible à dé« peindre, en lisant dans la *Quotidienne* la pré« tendue tentative d'assassinat contre mon fils.
« La *Gazette de Bretagne* a eu tort de répandre
« cette fausseté, qui pourrait faire douter plus
« tard d'un fait véritable. Je recommande à mes
« amis de France de s'opposer à ce qu'on renou« velle dorénavant ces fables; d'ailleurs elles me
« tueraient si, pendant vingt-quatre heures, je
« pouvais y croire. Ceux qui les inventent ne
« comprennent rien au cœur d'une mère. »

Enfin, l'ambassade de l'honorable M. de ***, cet ami si sincère et si zélé de Madame et de son auguste fils, étant terminée à son entière satisfaction, il quitta Madrid après avoir reçu de LL. MM. le roi et la reine d'Espagne, les assurances les plus formelles de servir chaudement la cause sacrée de leur sœur Madame, duchesse de Berri, et de leur neveu Henri V, et se rendit auprès de l'illustre princesse qui l'attendait à Nice, après avoir traversé tout le Midi de la

France, où il s'assura de l'amour qu'inspirait, dans toutes ces riches et fidèles contrées, la branche aînée des Bourbons, et avoir fait toutes les dispositions nécessaires pour le triomphe de la cause de la légitimité, en convoquant à Marseille, les villes d'Avignon, de Tarascon, d'Aix, etc., etc.

Les Bourbons sont adorés à Marseille. Madame y est l'objet d'un enthousiasme qui va jusqu'au fanatisme. M. de *** fut presque tenté un instant de prendre son amour pour de la tiédeur, à tel point ces cœurs loyaux le surpassaient dans la vivacité de leurs démonstrations.

Les femmes n'ont pas moins d'exaltation ; il n'y a d'opposition à la cause monarchique que parmi quelques restes de 1793, que leurs souvenirs importunent, et qui ont un juste effroi de l'avenir.

M. de M*** fut averti par un employé de la préfecture, homme du mouvement qui ne ferme pas la main à l'or des royalistes, qu'une dépêche télégraphique annonçait au préfet sa présence dans son chef-lieu, et lui donnait ordre de le faire arrêter.

L'ami chez lequel il logeait le fit sortir de la ville sans perdre de temps. M. de*** fut conduit à Aubagne, où il resta caché deux jours dans un château, recevant des maîtres et des valets les soins les plus empressés. Il appartenait à Madame, et à ce titre on croyait lui devoir amitié et protection. On lui fournit, d'après sa demande, des guides pour le conduire à Nice, but de son voyage, où il brûlait d'arriver pour rendre compte de sa mission à S. A. R.

« Soyez tranquille, Monsieur, lui dirent les
« braves cultivateurs qui cheminaient avec lui,
« tous ceux qui servent la bonne cause sont en
« sûreté dans toute la Provence. Quant au petit
« nombre de coquins qu'on y rencontre, ils se
« garderaient bien de nous toucher un cheveu
« de la tête, car nous le leur rendrions au cen-
« tuple. Nous pouvons frapper au hasard à la
« cabane ou au château : partout on nous ou-
« vrira. »

Ils disaient vrai ; leur route se fit sans malencontre; les gendarmes qu'ils rencontrèrent se montrèrent polis; et les braves guides dirent à M. de *** qu'ils étaient presque tous des leurs. Il apprit à reconnaître ceux qui leur étaient dévoués à un signe qu'ils échangèrent souvent avec ses guides. Ceux-ci évitèrent d'entrer dans Toulon; on ne prit pas la même précaution à l'égard de Fréjus, où il logea, comme il avait fait depuis son départ de Marseille, chez des *amis*.

M. de *** laissa Antibes sur sa droite, et passa sans obstacle le pont du Var; il avait un passe-port sarde dont il se servit; de l'autre côté de cette rive tout péril disparaissait. Il mena ses guides jusqu'à Nice, ces braves gens lui ayant demandé pour unique récompense de voir Madame; ils paraissaient attacher un tel prix à cette faveur, qu'il s'empressa de la leur accorder.

A peine arrivé dans cette ville, M. de*** courut à la demeure de cette adorable princesse, qui daigna lui présenter la main dès qu'elle l'aperçut. Il était déjà à ses pieds, où sa joie se manifestait plus par des sanglots que par des paroles. Madame lui dit avec un doux sourire :

« Ame faible qui ne sait pas soutenir le poids
« du malheur lorsqu'il touche à son terme! Al-
« lons, Monsieur, reprenez votre énergie; je
« sais combien je puis compter sur votre fidé-
« lité, et je vous remercie de ce que vous venez
« de faire pour mon fils. »

Pendant que S. A. R. ajoutait à ces propos
quelques autres paroles bienveillantes, M. de***
recouvra son calme et se disposa à répondre con-
venablement aux questions qu'elle daignait lui
adresser. Les premières furent relatives à l'Espagne. Il dit à la princesse combien elle était
aimée et attendue dans la Péninsule; en un mot
il lui représenta son auguste famille, ainsi que
le royaume d'Espagne, entièrement dévoués à sa
cause, et impatiens de la servir. Il ajouta qu'il
ne fallait pas tarder à profiter de ces dispositions
généreuses.

Madame l'écouta avec une profonde attention,
et à mesure qu'il parlait, une teinte de mélan-
colie se répandait sur ses traits. Lorsqu'il eut
achevé, la princesse lui dit :

« Les choses ont changé de face depuis votre

« départ d'Angleterre; je n'ai point voulu vous
« en instruire, dans la crainte de refroidir votre
« zèle; mais je suis forcée de vous dire aujour-
« d'hui que de puissantes considérations me
« retiendront le reste de l'année en Italie. Je
« n'ai pu me refuser aux instances de l'empe-
« reur Nicolas, qui me supplie d'ajourner au
« printemps prochain toutes mes entreprises.
« Il existe un plan entre les souverains qui tend
« à la pacification générale de l'Europe. L'Au-
« triche m'a fait adresser les mêmes représenta-
« tions que la Russie; l'Angleterre et la Prusse
« ont mis aussi leur poids dans la balance; et
« force est à moi de céder ou de retarder mes
« projets jusqu'au mois de mars. C'est avec un
« vif regret que je laisse mes amis dans l'incer-
« titude; mais je ne puis tout faire à moi seule.
« Patientons donc jusqu'au moment désigné. »

M. de *** reçut cette confidence avec un chagrin qui égalait celui de Madame, et il ne lui cacha pas le mauvais effet que cette prolongation produirait parmi les royalistes du midi. Il représenta à la princesse ces provinces prêtes à s'armer pour le maintien des droits de la nation, que la révolution de 1830 n'avait pas complétés, et que depuis on tâchait de restreindre le plus possible. Il remit à S. A. R., dans un écrit tracé de sa main, les renseignemens qui pouvaient lui être nécessaires. Après les avoir examinés avec soin, Madame daigna le complimenter sur leur clarté, puis, se retournant vers lui avec vivacité :

« Pourquoi, en effet, retarderions-nous une
« entreprise qui offre de tels élémens de succès,
« par la crainte seule de déplaire à des puis-
« sances dont nous refusons la coopération ac-
« tive?

«—Je crois, Madame, que Votre Altesse Royale
« peut tout oser sans autre secours qu'une vo-
« lonté ferme à vaincre tous les obstacles, et une
« confiance entière dans la bravoure et la fidé-
« lité de ses nombreux serviteurs. »

La princesse se leva tout-à-coup, comme décidée à prendre une grande résolution; puis, s'arrêtant et parlant à voix basse, elle dit :

« On ne me rendra pas mon fils !.... »

MADAME poussa ensuite un soupir déchirant.

Pour faire diversion à sa douleur, M. de ✱✱✱ demanda à S. A. R. la permission de lui présenter ses guides.

« Qui sont-ils ?

« — De dignes Français, Madame, bons Pro« vençaux, simples cultivateurs. Ils attendent
« non loin d'ici la faveur insigne de paraître
« devant Votre Altesse Royale. »

MADAME autorisa M. de ✱✱✱ à les appeler; ils vinrent ivres de joie, tremblans de respect; ils se prosternèrent aux genoux de la princesse, quoi qu'elle pût faire pour s'y opposer.

Il serait difficile de bien rendre la manière franche, simple et éloquente dont ils exprimèrent leur attachement à l'auguste princesse; il y avait dans ces figures animées tant de sincérité, d'affection et d'amour!!!

« Mes amis, je suis touchée des marques d'at« tachement que vous me donnez. J'en suis
« fière, car je les mérite. J'ai pour la France et
« pour mon fils une tendresse égale; je suis
« votre mère comme celle de Henri V, et je ne

« puis mieux vous prouver ma reconnaissance
« que par l'extrême desir que j'ai de faire votre
« bonheur, si la Providence ramène la légitimité
« au port, après tant d'orages. Nous tiendrons
« nos promesses en pardonnant à nos ennemis ;
« nous espérons que chacun imitera cet exemple,
« que les grands comme les petits oublieront
« le passé, et qu'aucune vengeance ne viendra
« troubler un si touchant accord ! Chaque pro-
« vince reprendra ses priviléges ; les droits du
« peuple seront appuyés sur une constitution
« sage, ennemie du despotisme et de l'injustice ;
« dites-le bien à mes fidèles serviteurs ; qu'ils
« sachent surtout que nous attendons tout d'eux
« et rien des étrangers, et que pour rester roi
« de France il ne faut devoir la couronne qu'à
« des Français. »

Puissent ces augustes paroles être entendues de ceux qui nourrissent encore d'injustes préventions contre l'enfant de la France et contre son admirable mère !....

CHAPITRE XIII.

Projets divers de Madame pour élever son fils au trône. — Des obstacles s'opposent à leur exécution. — Le mécontentement de tous les partis contre le gouvernement de Louis-Philippe peut être favorable à Henri V. — La contre-révolution est plus difficile à opérer que la révolution. — Plusieurs hommes de juillet dévoués à la légitimité. — Bonnes institutions que Madame donnerait au peuple. — La condition de la légitimité est essentielle à la monarchie. — Madame est dans l'intention de visiter la Vendée. Nécessité d'organiser l'armée royale de l'Ouest. — Courage des Vendéens.

MADAME mûrissait de grands projets pour atteindre au but que sa sollicitude et son amour maternel lui montraient comme devant être prochain, c'est-à-dire l'élévation de son fils au trône de ses illustres aïeux : elle avait et des amis fidèles et des chances de succès pour le triomphe de sa cause; mais de nombreux obstacles, qui se succédaient, venaient toujours contrarier l'exécution de ses desseins. Le plus puissant de tous était sans doute l'opposition opiniâtre qu'apportait le cabinet anglais à ce que Mgr. le duc de Bordeaux quittât Holy-Rood sans le consentement de son aïeul Charles X, qui l'avait positivement refusé par les motifs de prudence qu'on a précisés dans les précédens chapitres.

La présence du jeune prince était exigée des provinces de l'ouest, et MADAME sentait de quelle importance elle pouvait être, afin d'exciter des prodiges de valeur, si nécessaires pour résister au déploiement de forces supérieures, et rallier, autour de son blanc panache, tous les défenseurs de la légitimité. D'un autre côté, elle avait de grandes ressources dans le midi, dont le bon esprit et l'attachement à sa cause lui étaient bien connus. La même difficulté existait pourtant : il aurait fallu qu'Henri V pût s'y montrer pour électriser l'amour et l'héroïsme de ces braves, qui n'attendaient pour combattre que l'instant du signal et sa royale présence, car, il faut en convenir, la vue du chef auquel on veut sacrifier sa vie est toujours nécessaire pour enflammer le courage de celui qui l'expose.

Le mécontentement qu'inspire à tous les partis le mode de gouvernement du trône de juillet, qui, après avoir foulé aux pieds le principe universel et immémorial de la légitimité, a ensuite méconnu son origine et violé toute ses promesses, joint à l'introduction de ce système affreux du juste-milieu, qui semble n'avoir été imaginé que pour déshonorer la France, devaient encore favoriser ses espérances. Mais pour faire une contre-révolution, il faut plus que des mécontens, il faut plus qu'une majorité d'opinion contraire au gouvernement qu'on veut renverser, il faut encore une organisation, un plan concerté, une combinaison et un ensemble dans l'exécution, qui ne doit être confiée qu'à des hommes de cœur et de capacités reconnues et éprouvées.

Et en effet, on a vu successivement des émeutes éclater de toutes les parties de la France !......
C'est à coup sûr une manifestation bien évidente de l'antipathie du peuple pour Louis-Philippe, et cependant cette contre-révolution, qui est

d'une nécessité absolue, qui ne peut manquer d'arriver à une époque très rapprochée, par la seule puissance de la nature des choses, ne s'est pas encore réalisée !.....

Pourquoi ?... Parce qu'il n'y a pas encore eu d'organisation ; parce que les émeutes n'ont pas été le résultat d'un plan combiné pour arriver à un changement de gouvernement dans l'intérêt de la nation, et que Madame attend un moment opportun pour faire valoir, d'une manière efficace, les droits imprescriptibles de son auguste fils à la couronne de France.

La révolution est beaucoup plus facile à opérer que la contre-révolution, par cette seule raison que le peuple, quelquefois versatile, croyant trouver la prospérité dans un nouvel ordre de choses, qui lui sourit et qu'on lui fait voir sous les plus brillantes couleurs, se jette à corps perdu dans le tourbillon qui doit renverser, tandis, au contraire, que pour restaurer il est plus lent, moins bouillant, parce qu'il lui en coûte de faire un pas rétrograde, d'être forcé de convenir qu'il a été le jouet de trompeurs, et de confesser les déceptions dont il s'est trouvé victime.

Ah! certes, si, pour me servir des expressions ingénieuses et pleines d'énergie du noble vicomte de Châteaubriand, ces hommes tout *guédés* de patriotisme, tout *crottés* de gloire, qui ont fait la révolution de juillet, eussent pu en prévoir les désastreuses conséquences, notre souverain légitime serait sur son trône, et ils n'auraient pas attiré sur leur belle patrie les calamités et les guerres civiles qui ont déchiré son sein depuis cette détestable époque.

Il en est de ces hommes de juillet qui, déplorant leur erreur, se battraient maintenant en héros pour la cause de Henri V, parce qu'ils ont appris à comprendre le bonheur que son règne offrirait à la France, et les garanties solides sur lesquelles il serait fondé.

La longue narration de faits que les chapitres précédens ont révélés, et que j'ai cru nécessaire de développer avec soin pour bien faire connaître la véritable position de Madame, n'a pas été inutile : on a vu quels sentimens sublimes animent cette princesse, qui, sacrifiant tout à l'intérêt de la France, a repoussé avec horreur l'intervention des puissances étrangères pour le rétablissement de son fils sur le trône de ses pères. On n'aura sans doute pas remarqué sans admiration cette abnégation d'elle-même en faveur de la France, qui la porte à ne consentir à faire aucunes concessions aux exigences de sa position, dès-lors qu'elles pourraient nuire à l'intérêt national ou à l'honneur du pays. On a vu la réponse pleine de fierté et d'indignation qu'elle fit au cabinet britannique, lorsqu'on lui proposa de proclamer Henri V roi de France, aux mêmes conditions que Louis-Philippe a acceptées pour se faire reconnaître, c'est-à-dire en consentant, par un traité secret, à céder la colonie d'Alger. Enfin, toutes les paroles de S. A. R. respirent la grandeur d'âme et la loyauté, et annoncent qu'elle n'entend contrarier en rien le vœu de la nation, et que si Henri V est appelé à régner et qu'elle doive avoir la régence, elle gouvernera le peuple, selon les institutions qui pourront lui offrir le plus de garanties de bonheur, et être le plus en harmonie avec les idées nouvelles.

Tous ces faits sont vrais, toutes ces paroles sont sincères, et les efforts de cette auguste princesse ne tendent qu'à accomplir fidèlement ses généreuses promesses.

Son fils, ce royal enfant, dont l'intelligence prématurée semble être précurseur d'un vaste génie, est élevé dans les mêmes principes, et possède déjà toutes les vertus que doit avoir un prince qui veut rendre ses peuples heureux.

Comment une princesse d'un esprit aussi élevé, comment un tel roi ne trouveraient-ils pas de sympathies parmi nous!

Il a fallu qu'on pervertît comme on l'a fait l'opinion publique, et qu'on entassât mensonge sur mensonge, calomnie sur calomnie contre ces malheureux exilés, pour qu'une immense majorité ne vînt pas se prononcer en leur faveur et rappeler Henri V ; car il n'est pas un seul Français sensé et de bonne foi, fût-il même républicain, qui ne convienne que dans un état monarchique, la condition de légitimité est essentielle au respect dont doit être entouré le trône, au repos du pays et aux relations qu'il doit entretenir avec les autres puissances.

MADAME, indépendamment des partisans nombreux que la cause de son fils compte en France, peut réclamer l'assistance de LL. MM. le roi et la reine d'Espagne, et elle est assurée et de leurs dispositions favorables, et d'en obtenir les troupes et les sommes nécessaires pour appuyer ses légitimes prétentions ; mais il lui en coûte tant d'avoir recours à des subsides, bien qu'ils lui seraient fournis par sa propre famille, qu'elle préfère attendre que les Français, éclairés sur leurs véritables intérêts, se lèvent d'eux-mêmes en masse pour proclamer Henri V, plutôt que d'employer un moyen qui répugne à son excessive délicatesse, et dont elle ne se servirait qu'après avoir épuisé toutes ses espérances et toutes ses ressources intérieures.

La Vendée, cette terre classique de la religion et de la légitimité, d'où MADAME reçoit chaque jour de nouvelles protestations de dévouement, qui, spontanément et sans aucune influence, s'est mise en état d'insurrection contre le gouvernement de Louis-Philippe, parce que, fidèle à ses anciens principes, elle ne veut reconnaître que Henri V pour son véritable roi, offrait à la princesse des avantages qui devaient bientôt fixer sa résolution.

S. A. R. se rappelait toutes les preuves de royalisme que ces provinces avaient données pendant le cours des révolutions précédentes ; elle avait lu avec soin l'histoire des guerres que ces héros avaient soutenues contre les armées révolutionnaires, et savait combien on devait compter sur leur fidélité.

Madame conçut donc le projet de visiter ce pays, pour juger sainement et par elle-même du véritable esprit qui animait les villes et les campagnes, des ressources qu'il pouvait offrir en soldats, et de l'effet de sa présence parmi ces fidèles, afin de se former une idée juste et précise des mœurs des habitans, et de la situation topographique des lieux, pour se diriger en conséquence du résultat de cette exploration.

S. A. R. savait fort bien qu'en tout état de cause l'insurrection telle qu'elle existait, et en supposant qu'elle ne prît pas d'accroissement, pouvait tenir en échec une armée de soixante mille hommes, ce qui était d'une très grande importance pour favoriser les mouvemens qu'on pouvait tenter dans d'autres parties de la France. La princesse ne se dissimulait pas, toutefois, qu'on ne trouverait plus, comme en 1793, en 1795, et 1799, un nombre aussi considérable de nobles Bretons et de Vendéens en état de prendre les armes en faveur de son fils, parce que les guerres et les échafauds en avaient singulièrement détruit; mais elle savait qu'il restait encore des rejetons de ces braves dans les veines desquels coule leur noble sang, et qu'ils sont en assez grand nombre pour composer, avec les paysans, tous et sans aucune exception dévoués à la mort à la cause sacrée de la légitimité, une armée très imposante et assez forte pour protéger les droits du jeune prince qui fait l'objet de tous leurs vœux.

La plus grande des difficultés à vaincre, c'est de parvenir à une organisation générale de l'armée royale de l'ouest, sans laquelle le mouvement ne peut être que partiel. Si les ressources considérables que fourniraient ces provinces en défenseurs d'autant plus redoutables que la religion et la foi dirigent leurs bras, pouvaient être réunies et former des masses, déjà Henri V serait sur son trône, et on n'aurait pas eu la douleur de voir des soumissions forcées par l'impossibilité d'une vaine résistance, mais qui toutefois n'altèrent en rien ni la loyauté ni la valeur des braves qui se sont trouvés placés, par prudence et par sagesse, dans la situation d'obéir à la nécessité et de déposer momentanément leurs armes, pour se conserver la faculté de les reprendre et d'en faire un noble usage dans un moment plus opportun.

Cette organisation de l'armée de l'Ouest est difficile en raison des mesures prises par le gouvernement de Louis-Philippe, qui a infesté ces fidèles pays de fonctionnaires et d'agens de police chargés d'épier toutes les relations, et d'en rendre compte; elle est loin cependant d'être impossible, et j'ose affirmer, d'après des notions certaines, qu'elle aura lieu sous peu, et qu'elle n'a été différée que par des motifs qu'on appréciera facilement dans l'intérêt de la cause sacrée de la légitimité.

Et pour cela qu'on ne vienne pas croire que la mise en état de siége d'une partie de la Vendée, ou les condamnations prononcées par des tribunaux sanguinaires, aient effrayé en rien ces hommes à volonté inébranlable et d'une âme toute de feu!....

Le martyre, au contraire, centuple leurs forces; ils se dévouent à une mort certaine plutôt que de commettre une lâcheté; en un mot il n'est pas un Vendéen qui ne donne avec joie son sang et sa vie pour le triomphe de sa foi, et pour pouvoir, en voyant la tête de son jeune prince ceinte de la couronne de Saint-Louis, s'écrier : *Je meurs content : Vive notre roi légitime! vive Henri V!*

CHAPITRE XIV.

Sympathie de la France pour Madame. — Elle envoie douze mille francs pour soulager les malheureux atteins du choléra-morbus. — Le gouvernement s'oppose à ce que ce don soit reçu. — Ce refus est injuste et cruel, en ce qu'il prive les pauvres d'un bienfait dans lequel il est ridicule de chercher une vue politique. — On incrimine M. de Châteaubriand. — La peur a pu seule motiver le refus du ministère. — Bruits divers sur le bâtiment le *Carlo-Alberto*. — Violation du droit des gens. — Conséquences qu'elle pourrait avoir.

Certes, on peut le répéter, si jamais princesse réunit à un degré éminent toutes les conditions et toutes les qualités qui peuvent conquérir le respect et l'admiration d'une nation comme la nôtre, assurément, c'est Madame.

Née chez un peuple allié, le sang qui coule dans ses veines n'a rien d'étranger; c'est le pur sang de la plus ancienne famille nationale, en possession depuis tant de siècles de donner des rois aux peuples et de mettre un nom français sur les trônes de l'Europe. Paraissant au milieu de nous avec l'intérêt qui s'attache à la jeunesse, il y eut tout d'abord chez notre nation, si ardente, si vive, présomption favorable en sa faveur. Elle nous venait avec les graces de son âge. Les destinées d'une maison royale près de s'éteindre allaient recommencer par elle; elle apportait à l'état et au trône une espérance; derrière elle il y avait un avenir. A tous ces avantages de position il faut en joindre d'autres tout personnels à MADAME.

Quand on voulut s'occuper de modifier, d'après nos mœurs, l'éducation de S. A. R.; on dut y renoncer; il n'y avait plus rien à faire, il se trouva qu'elle était Française. Le pur et noble sang de notre pays ne s'était pas refroidi sous un ciel étranger : caractère, goûts, cœur, esprit, on ne vit jamais rien que de national chez cette aimable princesse.

De travail et d'étude, elle n'en eut pas besoin pour plaire à sa nouvelle patrie; quoi qu'elle fît, qu'elle sentît, qu'elle pensât, sans chercher les vœux, les pensées, les sympathies, elle les rencontrait.

La France la trouvait sur tous les chemins où elle se plaît à marcher, comme elle, enthousiaste des arts, les protégeant et faisant mieux encore, les aimant en artiste, partageant le penchant de la nation pour le plaisir, ayant des larmes et des secours pour les malheurs, de la joie et de la gaieté pour les fêtes, montrant cette légèreté d'esprit et cette bonté d'âme qui est le fond du caractère national; en un mot, la France (qu'on souffre cette expression), la France la trouvant Française de la tête au cœur, se mit tout naturellement à l'aimer. Les dissentimens d'opinions n'apportèrent point d'obstacles à cet amour, car Madame a toujours vécu tout-à-fait en dehors de la politique. Elle avait fort peu de crédit chez les ministres, mais beaucoup chez les artistes.

On eût dit vraiment que Madame était à la fois la grande-aumônière et le ministre des menus-plaisirs de la France. Joignez à cela qu'à toutes ces brillantes qualités, à toutes ces douces vertus si bien faites pour exercer de l'influence sur les

Français, le malheur vint bientôt ajouter son sceau vénérable, et vous arriverez à dire que jamais popularité n'a été jusqu'ici moins contestée ni moins contestable, que celle dont Madame jouit en France.

Il n'y avait donc pas lieu de s'étonner qu'à la nouvelle du fléau qui décimait le pays au mois d'avril, une affection bien vive et bien naturelle se soit éveillée chez Madame. Il y a des sentimens que rien ne saurait altérer, et la loi révolutionnaire qui a interdit à cette princesse le territoire de la France n'a pu ni entendu lui interdire sa sympathie pour les misères de la patrie, ni le droit de les soulager suivant son humble fortune. L'arrêt de proscription ne frappe que la personne, et dans tous les siècles, les larmes et le denier de la veuve ont eu leur inviolabilité. Et remarquez avec quelle délicatesse était présentée cette marque touchante d'intérêt, cette offrande lointaine d'une auguste exilée! Quel intermédiaire plus naturel auprès du pays, que celui pour qui toutes les opinions de la France ont de la sympathie? M. de Châteaubriand transmettant le don de Madame, n'est-ce point la popularité du génie et de la gloire servant d'interprète à la popularité du malheur et du trône ?

Puisque ni l'opportunité du bienfait, ni le droit incontestable de la bienfaitrice, ni le noble intermédiaire dont elle s'est servie, n'ont pu désarmer le pouvoir, puisqu'il a refusé, après une délibération de deux jours, il faut qu'il sache comment la France a caractérisé ce refus. Et d'abord où puise-t-il le droit de disposer d'un bienfait qui, dès qu'il a été présenté, est devenu le patrimoine du pauvre ? Où est la loi qui l'autorise à créer des priviléges et des exceptions en matière de bienfaisance ? Au nom de qui vient-il opposer une fin de non-recevoir à l'humanité ? Peut-il demander une profession de foi politique à une souscription ; et les écus, qui, pour me servir de l'expression d'un Romain, n'ont pas d'odeur, auraient-ils donc une opinion appréciable au sens du juste-milieu ? Cela est injuste, et serait bien ridicule s'il n'y entrait pas de cruauté. Quoi ! pour obtempérer à un soupçon, pour satisfaire sa peur égoïste, le pouvoir n'a pas craint de spolier la misère, et de frustrer la souffrance d'un secours, qui aurait adouci l'une et soulagé l'autre! Quoi! au lieu de considérer ce que les douze mille francs de Madame pouvaient faire de bien aux malades, le juste-milieu a honteusement calculé le mal qu'ils ne lui auraient pas fait! Les gens, qui ont encouru la responsabilité de ce refus, n'ont donc pas pensé qu'avec douze mille francs on peut empêcher des hommes de mourir; ils n'ont pas songé qu'ils faisaient un larcin aux malades et aux pauvres; ils n'ont pas compris que la France jugerait leur injustice comme inhumaine, et leur prudence comme homicide.

Voilà des gens à qui ces douze mille francs auraient sauvé la vie; eh bien! qu'ils meurent, pourvu que le juste-milieu ne soit pas blessé dans ses susceptibilités peureuses; telle est l'idée barbare qui est au fond de ce refus. Ceux qui s'en sont constitués les organes la repoussent, je n'en doute pas; ils ne l'ont point aperçue, elle n'est point dans leur cœur, mais elle est logiquement dans l'acte, et c'est l'acte que j'ai à flétrir.

Ce n'est pas tout. En examinant sous une autre face le refus qu'on a opposé à la généreuse démarche de Madame, on découvre qu'il est plus maladroit encore qu'injuste et cruel.

Et, en effet, que de faiblesse et d'impuissance ne remarque-t-on pas dans cette sollicitude qui essaie d'élever une digue entre le malheur et le bienfait qui vient des terres de l'exil.

Il faut l'avouer, gens du pouvoir, vous avez le secret des précautions maladroites ; et votre prudence vous sert bien mal.

Ne savez-vous pas que la peur révèle la faiblesse ; et la raison politique, que vous avez cru consulter, ne vous conseillait-elle pas de cacher votre peur ? Aveugles que vous êtes, vous n'avez donc pas vu qu'elle était écrite dans votre refus, que la France et l'Europe en saisiraient le motif; que l'Europe et la France répéteraient que ce n'est point la princesse qui vous effraie, que c'est *la mère du duc de Bordeaux ?*

Félicitez-vous maintenant de votre sottise ! A vous l'honneur, à vous le profit. Madame, apprenant l'invasion d'un cruel fléau, ne consulte que son cœur, elle ne fait qu'obéir à une ancienne habitude de bienfaisance. Quand elle nous vint d'Italie, elle était plus riche, et la France était malheureuse; elle et son royal époux envoyèrent au trésor public, vous le savez, une somme de cinq cent mille francs sur le million qui leur avait été donné; maintenant, elle est pauvre, elle envoie douze mille francs. C'est toujours le même cœur avec une fortune différente : c'est le denier de la veuve, son noble et digne interprète vous l'a dit. Mais vous, avec vos craintes inhabiles et imprudentes, savez-vous ce que vous avez fait? Vous avez imprimé à une œuvre d'humanité un caractère politique; vous avez donné à une action simple et naturelle, qui aurait été s'inscrire, sans retentissement et sans éclat, auprès de tant de bienfaits qui ne sont connus que de Dieu, des malheureux et de Madame; vous lui avez donné, dis-je, une publicité européenne et une dangereuse portée. Vous avez appris à la France que le nom de la veuve du duc de Berri, de la mère du duc de Bordeaux, que celui de M. de Châteaubriand vous épouvantent; que leur popularité fait peur à votre impopularité, et c'est vous qui révélez aux sympathies des masses l'action du génie, de l'enfance et du malheur.

Hommes du pouvoir, mieux eût valu vous montrer justes par calcul, et humains par politique ; mieux eût valu avoir le courage d'accepter l'offrande de Madame ; c'eût été le courage de la prudence, et cela vous aurait épargné le malheur de cumuler, dans un seul acte, une injustice, une cruauté et une faute.

On s'est étonné que, du *fond de l'Italie*, des secours soient arrivés si vite. On devait savoir cependant que Madame n'était pas alors si loin de la France, puisque de Massa à Paris il n'y a que six jours de trajet; qu'ainsi la déclaration officielle du choléra, qui a paru le 29 mars à Paris, était à Massa le 5 avril, et que l'ordre de Madame, donné le 5, a pu arriver le 11 à Paris.

La bienfaisance de la princesse a été diligente, d'accord : on lui en a fait un reproche, je ne sais trop pourquoi ; il s'agissait de la France, son ambassadeur n'a point mis de retard à remplir sa mission ; faut-il s'en étonner ? C'était une mission d'humanité et de religion, et M. de Châteaubriand en était chargé !...

Non, la France ne repousse point les dons qui lui viennent de Madame, le passé est là pour répondre du présent; non, la France n'a ni haine ni préjugé contre cette princesse, j'en prends à témoin la douleur nationale, lors de son veuvage, la joie nationale lors de sa maternité; la tombe environnée de tant de regrets, et le berceau chargé de tant d'espérances !

On trouverait encore une nouvelle preuve du vif intérêt que S. A. R. inspire aux Français, par l'impression qu'ont produite sur tous les esprits les événemens de Marseille du 3o avril.

Madame était-elle ou non à bord du bâtiment à vapeur appelé le *Carlo-Alberto ?* Voilà la question que chacun s'adressait et que personne ne pouvait résoudre. Il a couru des bruits si opposés sur cet événement, et les feuilles ministérielles se sont entourées de tant de contradictions qu'on ne peut véritablement fixer son opinion que sur des renseignemens particuliers, et, il faut en convenir avec vérité, ceux qui se prétendent le mieux instruits ont été souvent arrêtés par des doutes. Cependant, s'il fallait s'en rapporter aux bruits et aux ouï-dires qui ont couru dans les salons, un bateau à vapeur, portant pavillon du roi de Sardaigne, sur lequel se trouvaient Madame et quelques personnes de sa suite, aurait été arrêté, en pleine mer, en vue de Marseille, fouillé, conduit d'abord à Ajaccio, puis de là remorqué par le *Sphynx*, bâtiment français, et dirigé vers l'Écosse.

Parmi les gens qui accompagnaient Madame, et qui auraient été séparés de sa personne et ramenés à Marseille en état d'accusation, on ne citait en personnages connus, que M. de Saint-Priest, ancien ambassadeur à Madrid. Le surplus des détails offrait trop de lacunes, d'obscurité ou d'incertitude pour qu'on doive en tenir autrement compte. Il semblait, à part quelques circonstances sur lesquelles on a varié, que ce qu'on vient de rapporter est la vérité sur le fond des choses. On ajoutait qu'à la nouvelle de cette capture, on aurait pensé mettre l'illustre voyageuse dans un château-fort de l'île de Corse, et à l'y retenir prisonnière ; mais que sur les conseils pressans d'une personne qui sait ce que c'est que d'être épouse et mère, on se serait décidé à prendre le parti d'une translation en Écosse.

Si cette dernière partie des ouï-dires est vraie, et sans vouloir affaiblir le sentiment qui aurait porté à solliciter et obtenir une mesure moins rigoureuse que celle qui était déjà préméditée contre Madame, je dirai cependant que quoique l'on nous ait depuis long-temps accoutumés à voir braver, selon l'occasion, toutes les règles de la justice et de la bienséance, la démarche dont il est question n'aurait pas dû être nécessaire, car l'arrestation de Madame, et sa mise en demeure dans une prison d'État, ne pouvaient avoir lieu que par une entière violation de toutes les lois civiles et d'équité. Celle qui a été rendue dernièrement sur la proposition Bricqueville, ne porte, contre la branche aînée des Bourbons, que l'*exclusion* du territoire français. Aucune pénalité n'est attachée à cette exclusion. Donc, en admettant, ce qui semble même n'être pas arrivé dans cette occasion, que Madame la duchesse de Berri ait été surprise sur les terres de France, il aurait fallu, aux termes de la loi, se borner à la mettre hors de ce territoire, sans la forcer à se diriger, sans l'entraîner vers un point étranger, plutôt que sur un autre; mais, dans tous les cas, il y aurait eu impossibilité légale et raisonnable de l'arrêter et de la détenir en charte privée. Il est vrai, je le répète, que nous avons été assez souvent habitués à voir faire ce qui n'était ni légal, ni raisonnable, ni juste. Mais ici, il y aurait eu à coup sûr, de la part de l'Europe et de la France, un *tolle* si universel que l'on a dû en avoir la crainte, aussitôt que la pensée; que cette crainte aurait suffi, sans prières ni supplications intérieures, pour faire renoncer sur-le-champ à l'idée d'une arrestation et d'une détention aussi impossibles qu'elles auraient pu être funestes par leurs conséquences.

Du reste, c'est déjà bien assez en violation du droit des gens, que ce qui aurait été fait d'après l'opinion publique, que le gouvernement a le tort jusqu'ici de ne vouloir pas éclairer franchement et complètement. Quelles qu'aient été les intentions de Madame, et en ne prenant les faits que comme on les rapporte, c'est en pleine mer, sur un territoire neutre, par conséquent, et naviguant sous la foi reconnue du pavillon de Sardaigne, que le bâtiment aurait été arrêté, fouillé, conduit en Corse, et de là dans la Grande-Bretagne. On en aurait extrait telles ou telles personnes pour les ramener ensuite dans les prisons du juste-milieu. C'est pousser bien loin l'abus des visites domiciliaires; et si en France elles paraissent déjà si odieuses, qu'auront dû dire et penser les puissances étrangères? Quand les principes et les conventions qui régissent les nations entre elles sont méconnus à ce point, que reste-t-il donc à ménager? Le guet-à-pens d'Ancône n'a pas semblé suffisant pour montrer qu'on se mettait hors du droit des gens; la leçon qui en a été la suite n'a pas profité, et on a eu raison de nous dire que le système du 13 mars serait continué. Le roi de Sardaigne sera-t-il plus endurant que le pape; le pouvoir, n'aura-t-il désormais, de courage que contre la faiblesse matérielle? Quelles réparations seront exigées cette fois, et l'Europe que dira-t-elle en présence de ce renouvellement d'un fait violateur du droit public qui, observé comme il devrait l'être par la bonne foi, fait la seule garantie de tous les intérêts des puissances continentales?

Mais tout semble si étrange, si illégal dans la conduite de cette affaire, que l'on ne peut hasarder aucun raisonnement développé. Les journaux ministériels traitent tout ceci d'échauffourée carliste. Il se pourrait bien que tout cela finît par n'être, comme tant d'autres choses, qu'une échauffourée du juste-milieu.

CHAPITRE XV.

Bienfaisance et intrépidité de Madame.—Peur et faiblesse du *juste-milieu*. — Résultat moral des événemens du 30 avril. — S. A. R. est dans l'Ouest. — Investissement du château de M. de l'Aubépin. — Lettres originales de Madame. — Ordres de l'armée vendéenne. — La prise d'armes qui devait avoir lieu le 24 mai est ajournée. — Douleur que ce contre-ordre cause aux Vendéens.

Lorsque, il y a peu de temps encore, une bonne et belle action de Madame appelait l'attention publique sur cette princesse, et mettait en lumière toute l'étendue de sa bienfaisance, toute la générosité de son cœur, on ne pouvait s'attendre que bientôt après, un incident de toute autre nature viendrait, de l'aveu même de ses ennemis politiques, de ceux qui blâment le plus aigrement la tentative qu'on lui impute, mettre en relief la décision de son esprit, l'énergie de son caractère. C'est chose à la fois glorieuse et consolante pour les royalistes que de retrouver, dans deux épreuves si diverses, Madame, digne de la France, digne d'elle-même. On peut tenir franchement et hautement un tel langage, car, en supposant que l'on voulût désapprouver l'acte en lui-même, il serait toujours juste et légitime de rendre hommage au courage tout français dont il est le gage. La mère des pauvres à Paris, peut avouer devant l'histoire, le chef audacieux de l'aventureuse expédition de la Méditerranée.

J'ai dit que le côté politique de cette affaire était environné de nuages; ces nuages ne sont pas encore éclaircis. N'aimant point à raisonner sur des énigmes et à prendre des hypothèses ou même des vraisemblances pour texte d'argumentation, je laisserai le côté politique en réserve, et je ne m'occuperai de constater ici que le résultat moral des événemens de Marseille, tant pour l'ordre de choses actuel que pour Madame.

Or, l'ordre de choses actuel, quoi qu'il fasse,

ne saurait empêcher que ce résultat lui soit en tout point contraire.

Comment d'abord répondre à ce cri général du bon sens public, qui répète partout qu'il n'y a que les pouvoirs vulnérables qui soient ainsi attaqués ? Comment expliquer cette tentative qu'on proclame si téméraire, sinon par la réputation de faiblesse et d'impopularité dont l'inerte milieu est frappé en Europe comme en France ?

Ensuite les faits ne sont-ils pas là pour prouver que cette réputation d'impopularité, ce renom de faiblesse, ne sont pas si démérités qu'on voudrait bien le faire croire.

On sait l'effet qu'a produit sur les masses ce danger que le pouvoir proclamait avec toute l'indiscrétion de la maladresse, toute l'effusion de la peur.

Une indifférence profonde a accueilli les appels les plus chaleureux et les plus touchans adressés à l'esprit public. Pas une voix ne s'est jointe à la voix isolée du ministère ; pas une crainte n'a sympathisé avec ses craintes. Tandis que l'émotion et le trouble étaient dans les régions gouvernementales, la sécurité était partout ailleurs. L'intelligence nationale semblait vouloir montrer qu'elle avait compris que le danger des hommes du milieu, n'était pas le danger de la France; et il y a enseignement dans ce phénomène d'un pouvoir alarmé au sein d'une société tranquille. Qu'on dise maintenant si ces deux attitudes si opposées, de l'ordre de choses actuel et de l'opinion, sont de nature à donner beaucoup de force et de confiance au système existant, et s'il doit tirer un grand avantage d'une épreuve qui l'a montré isolé et solitaire au milieu de la France? Joignez à cela que le parti politique dont il est sorti n'a manifesté lui-même qu'indifférence pour ses périls, mauvais vouloir pour ses intérêts, et que toute la presse de la révolution a affecté de n'envisager que comme une querelle de famille cet événement, dont le gouvernement avait tant à cœur de faire une querelle publique.

Tel est donc, en dernière analyse, le résultat des événemens de Marseille, par rapport au milieu, que son impopularité a été mise en relief, que son isolement s'est formulé dans les faits d'une manière publique à la fois et précise ; que la désaffection de son propre parti a choisi le moment même de son danger pour éclater, et qu'ainsi une tentative, qui par sa seule conception dénonçait le peu de consistance du système existant, a vu, malgré son échec, justifier en quelque sorte les présomptions sur lesquelles elle était fondée.

Quant à MADAME, je ne récuserai pas plus pour elle que pour l'ordre de choses actuel le jugement de l'opinion publique et les sentimens des masses. Plus que d'autres, dans pareilles occasions, j'aime à étudier les impressions populaires, et à les laisser parler dans toute leur vérité, toute leur candeur. Eh bien ! a-t-on vu que cette voix du peuple, qu'on a appelé la voix de Dieu, se soit élevée contre S. A. R. avec colère ou avec haine ? Voit-on qu'il y ait dans les cœurs quelque indignation contre sa personne, et dans les bouches populaires quelques paroles amères pour sa conduite ? Nulle part de telles paroles n'ont été entendues, de pareils sentimens n'ont été avoués, excepté chez les familiers du milieu; et l'action de Madame a été accueillie, par le public, d'une plus juste et d'une toute autre manière. Je ne parlerai pas ici de sa popularité, indubitable selon moi, mais contestable selon le ministère, je la mettrai hors de cause, et je laisserai de côté aussi tout le caractère politique de l'acte. En dehors de cela, je trouverai le motif de la manière dont la conduite de Madame est appréciée, motif valable au tribunal de toutes les opinions, admissible par tous les partis.

Nous sommes dans le pays du courage, il a son culte en France; le peuple des braves est un digne appréciateur et un bon juge en matière de bravoure; il l'admire partout où il la trouve, il la comprend parce qu'il en donne l'exemple, et s'il lui rendit de tout temps justice, même chez un ennemi, comment ne l'admirerait-il pas chez une Française, chez une femme? Oui, il y a du courage au fond de l'action de Madame, quelque jugement politique qu'on veuille en porter, et c'est ce courage qui séduit et subjugue quiconque porte une âme française. Les gens du ministère peuvent à loisir énumérer toutes les difficultés de l'entreprise, toute l'impuissance des moyens, toute la témérité de l'attaque; ils ne voient pas qu'ils révèlent ce qu'il faudrait taire, et que c'est le côté par où Madame brille qu'ils essaient d'attaquer.

Depuis trop long-temps, Dieu merci, on nous étouffe de précautions, on nous assassine de prudence; laissez, laissez-nous de grâce, admirer un acte de courage; laissez-nous voir à notre aise un peu d'audace et de témérité, ne fût-ce que pour nous rafraîchir le cœur, et pour nous empêcher d'oublier tout-à-fait que nous sommes Français. Voilà, en un mot, le secret de l'opinion de la France. Qu'on affecte maintenant de répéter jusqu'à satiété que Madame a péché par hardiesse; que l'art des précautions lui a manqué ; qu'elle est coupable de témérité; ce sont des crimes qui trouveront de nombreux complices dans la patrie de l'héroïsme.

Beau défaut, défaut sublime que l'intrépidité,

et plus national cent fois que certaine réserve, qualité dont, chez l'inerte milieu, la perfectibilité descend jusqu'à la peur, jusqu'à l'abaissement.

Ainsi, Madame est téméraire; elle est Française, jusqu'à avoir les défauts de la France, et vous, vous êtes tremblans et retenus, hommes du milieu; votre vertu c'est la peur, vertu peu française, mais enfin c'est la vôtre. Madame ne disposait d'aucune force, ne pouvait compter sur aucune (mettons le parti royaliste au néant, si cela vous arrange); Madame n'avait rien, et vous aviez tout, nos armées, nos trésors, nos flottes, votre police; car ce n'est pas celle de la France; et avec son peu de moyens, ou plutôt en l'absence de tous moyens contre vos immenses ressources, Madame a tout osé concevoir, et elle a osé tenter ce qu'elle avait conçu. Dites maintenant? Est-ce là le type d'une âme commune, ou d'un faible caractère?

N'est-ce rien que cette hauteur d'un courage qui se prise si haut, qu'il espère combler le déficit des ressources, et vaincre à lui seul les obstacles qui semblent invincibles à votre confiante pusillanimité? Oh! ne prenez plus maintenant un ton de voix si éclatant, une attitude si fière; votre victoire paraît bien petite auprès de cette défaite; cette infortune si haute doit vous inspirer de la terreur. Par pitié pour vous-mêmes, hommes à politique efféminée, un peu plus de respect pour cette femme d'une audace vraiment virile; si vous ne voulez pas exciter la risée, ne parlez plus de lui donner des leçons, parlez d'en recevoir; elle a montré qu'elle était capable de vous donner l'exemple du courage, vous ne pourriez lui enseigner que la couardise, et ces leçons-là seraient stériles; vous ne feriez rien d'une pareille écolière.

Mais une pensée surgit ici, qui sera celle de la France. Oublions Marseille, ses troubles et la frêle embarcation du *Charles-Albert*. Hommes du milieu, mettez un instant en idée, à votre place, cette femme que vous insultez, et livrez les forces et les moyens dont vous disposez, et qui lui manquent, au courage qui ne lui manque pas. Croyez-vous que ce fier caractère, qui, seul, sans autre appui que son énergie, sans autre allié que quelques épées, sans autre patrimoine que sa royale indigence, vient vous défier, vous qui avez tout, tandis que lui n'a rien; croyez-vous que si cet intrépide caractère disposait de ces finances que vous dilapidez, de cette belle et glorieuse armée, que vous tenez l'arme au bras, croyez-vous que si la royale *aventurière* du *Charles-Albert* était ce que vous êtes, nous serions, comme aujourd'hui, la fable et la risée de l'Europe? Croyez-vous de bonne foi que si nous eussions eu cette témérité qui va chercher le péril, apprenant à reculer devant lui, on aurait osé nous chasser d'Ancône, et que la diplomatie se serait permis de tracer sur la carte ces lignes insolentes de frontières, qui ne font autorité que là où, pour les biffer, il ne se trouve point une épée? La question est simple et précise, et si vous voulez continuer la discussion, il faudra y répondre, songez-y bien.

Ce n'est qu'une supposition, il est vrai; mais tout le monde peut la faire, tout le monde la fera, et vous êtes intéressés à ne pas laisser croire que cette supposition soit pour vous une accusation et un arrêt. Il s'agit de savoir ce que ferait Madame, duchesse de Berri, avec la France, ses trésors et ses armées, choses dont vous disposez et dont vous ne faites rien. Il s'agit de savoir si tant d'avantages gaspillés par vos mains tremblantes et pusillanimes auraient une autre influence dans les siennes, que vous reconnaissez si fermes. Il s'agit de savoir si, en laissant le même courage, ce courage aventurier, comme vous le nommez, et en lui donnant la France pour second dans ses aventures, vous n'y retrouveriez point sur la carte d'Europe notre place si grande naguère, et qui, grâce à vous, s'amoindrit de jour en jour.

Quand les gens du milieu auront répondu à ces questions, alors, et seulement alors, il leur sera permis de lever la tête et de quitter le rôle d'accusés, pour celui de juges ou d'accusateurs. Mais, jusque-là, on sera en droit de leur dire et de leur répéter que le résultat moral des événemens du 30 avril est en tout point défavorable à leur cause, en tout point favorable à Madame. Les événemens succèdent aux événemens, les phases de la fortune changent, les opinions se modifient, les grandes qualités restent.

Oui, les grandes qualités restent, rappelez-vous bien cette vérité, messieurs du milieu.

Le courage de la princesse ne fut pas un seul instant ébranlé, et en supposant qu'elle se soit réellement trouvée à bord du *Charles-Albert*, les mesures que la violence et la peur suggérèrent à un gouvernement méticuleux à cause de sa faiblesse, tant contre elle que contre les passagers qui montaient ce bâtiment, ne firent qu'enflammer son audacieuse intrépidité. Madame songea aussitôt à se rendre dans l'Ouest. Voici ce que des nouvelles certaines faisaient connaître au mois de juin :

« Après que le château de M. de l'Aubépin a
« été investi et cerné de tous côtés, on s'est
« livré, dans l'intérieur, aux plus minutieuses
« recherches. M. de l'Aubépin était caché dans
« une armoire, muni de deux pistolets d'arçon.
« Cette capture était peu de chose; mais bientôt
« une autre découverte plus importante a été

« faite. On a trouvé dans des bouteilles cinquante
« lettres environ, les unes en caractères ordi-
« naires, les autres écrites en encre sympathi-
« que, les autres en chiffre. Ce chiffre a été
« bientôt trouvé, et voici ce qui résulte de cette
« correspondance :

« La duchesse de Berri a débarqué, du moins
« on le suppose, entre Perpignan et Marseille ;
« elle a traversé tout le Midi en calèche, avec
« des passe-ports sous un nom supposé; elle
« était accompagnée de M. de Bourmont; elle a
« passé à Bordeaux, puis s'est jetée dans la Ven-
« dée. On a de fortes raisons de croire qu'elle
« est maintenant dans cette partie de la Vendée
« qu'on appelle le Marais; on est sur ses traces.»

Parmi les autres papiers dont l'autorité s'est
saisie, on assure que se trouvent une proclamation de la duchesse de Berri, où elle annonce
son arrivée en Vendée, et un ordre du maréchal
comte de Bourmont, ordre daté de Nantes, par
lequel il enjoint à plusieurs communes de prendre les armes. On a trouvé aussi une correspondance avec les principaux chefs carlistes.

COPIE DES LETTRES ORIGINALES DE MADAME, DUCHESSE DE BERRI.

« Je connais depuis long-temps, mon cher
« Coislin, le zèle et le dévouement que vous et
« les vôtres montrez pour la cause de mon fils.
« J'aime à vous répéter que dans mainte occa-
« sion je compte entièrement sur vous, comme
« vous devez compter sur ma reconnaissance.

« *Signé* MARIE-CAROLINE. »

14 décembre 1831.

« Que mes amis se rassurent : je suis en
« France, et bientôt dans la Vendée : c'est de
« là que vous parviendront mes ordres définitifs.
« Vous les recevrez avant le 25 de ce mois. Pré-
« parez-vous donc : il n'y a eu qu'une *erreur*
« et méprise dans le Midi. Je suis satisfaite de
« ses dispositions ; il tiendra ses promesses. Mes
« fidèles provinces de l'Ouest ne manquent ja-
« mais aux leurs. Dans peu toute la France sera

« appelée à reprendre son ancienne dignité et
« son ancien bonheur.

« *Signé, en abrégé,* M. C. R. »

15 mai 1832.

« J'ai lieu de m'affliger des dispositions con-
« tenues dans la note que vous m'avez envoyée.
« Vous vous rappellerez, Monsieur, le contenu
« de vos dépêches; ce sont elles, ainsi qu'un de-
« voir que je considérais comme sacré, qui m'ont
« décidée à me confier à la loyauté reconnue
« de ces provinces. Si j'ai donné l'ordre de
« prendre les armes le 24 de ce mois, c'est sûre
« de votre participation, c'est d'après des no-
« tions positives du Midi et de plusieurs points
« de la France. Je regarderais ma cause comme
« à jamais perdue, si j'étais obligée de fuir ce
« pays, et j'y suis naturellement amenée si une
« prise d'armes n'avait lieu immédiatement. Je
« n'aurai donc d'autre ressource que d'aller gé-
« mir loin de la France, pour avoir trop compté
« sur les promesses de ceux envers lesquels j'ai
« tout bravé pour remplir les miennes. Je l'a-

« voue, privée des lumières du maréchal, il
« m'en a coûté de prendre une telle résolution
« sans lui ; mais j'ai l'assurance qu'il sera à son
« poste, s'il n'y est déjà.

« J'aurais désiré suppléer à ses conseils par
« les vôtres ; mais le temps me manquait, et
« j'ai fait un appel à votre dévouement et à
« votre zèle. L'ordre envoyé dans toute la
« France de prendre les armes le *vingt-quatre*
« *de ce mois* demeure donc exécutoire dans
« l'Ouest.

« Il me reste maintenant, Monsieur, à appe-
« ler votre attention sur l'armée ; c'est elle qui
« assurera nos succès. C'est donc un devoir que
« d'employer vis-à-vis d'elle tous les moyens de
« suggestion possibles. Vous aurez donc soin
« de répandre deux jours à l'avance mes pro-
« clamations et mes ordonnances ; vous ne vous
« porterez à des voies de fait contre elle qu'a-
« près avoir employé tous les moyens de con-
« ciliation.

« Telles sont mes volontés positives. »

P. S. « Je vous prie de faire parvenir le plus

« tôt possible cette lettre à ceux qui ont signé
« celle que vous m'avez envoyée. Je n'ai pas
« besoin, Monsieur le marquis, de vous dire
« encore combien je compte sur votre dévoue-
« ment, dont vous m'avez déjà donné tant de
« preuves, et qui devient si nécessaire dans ce
« moment décisif.

« *Signé* Marie-Caroline, Régente de France. »

Vendée, 18 mai 1832.

Copie de différens ordres de l'armée vendéenne.

« Mon général,

« Ne pouvant juger sur l'état réel des esprits
« qu'on n'a jamais eu la pensée de donner des
« ordres qui ne fussent pas exécutés, mais seu-
« lement des avis, afin qu'étant prévenus à temps
« nos amis pussent se garantir des mesures que
« peuvent prendre nos adversaires, et se mettre
« en état d'agir le plus positivement possible,
« dans l'intérêt général j'ai l'honneur, de vous
« informer que j'attends de nouvelles instruc-

« tions. Les avis ont été trop mal compris, trop
« détaillés, trop précis; pour le moment on se
« bornera à prévenir que Madame est sur les
« lieux. »

« Mon général,

« Je reçois le rapport de la division que j'ai
« l'honneur de commander, et je me hâte de
« vous le transmettre. Le contre-ordre est arrivé
« partout à temps : seulement munissons-nous.
« Des proclamations ont été envoyées à Nantes ;
« je persiste, mon général, à regarder ce contre-
« ordre comme un malheur; partout nous pre-
« nions les libéraux à l'improviste, et nos hom-
« mes étaient remplis de la plus grande ardeur ;
« aujourd'hui leur ardeur et leur confiance ont
« diminué. Je ne pourrais rien faire, si je n'étais
« prévenu trois ou quatre jours à l'avance. J'a-
« vais tout mon monde sous la main ; ces braves
« gens m'obéissaient comme dans un régiment ;
« maintenant ils craignent d'être trompés. Je
« vous recommande, au moins, mon général,
« de faire connaître à Madame et à M. le maré-

« chal quelles étaient mes dispositions. Les offi-
« ciers qui veulent bien servir sous mes ordres
« me recommandent expressément de faire con-
« naître qu'ils étaient prêts à obéir, et la dou-
« leur qu'ils éprouvent que l'on ait manqué un
« moment, en apparence aussi favorable. Atta-
« chement respectueux.

« *Signé* Loroux. »

24 mai.

« chez quelqu'chose nos dispositions. Les offi-
« ciers qui voudront bien servir sous nos ordres
« ne sauraient apporter trop d'empressement à faire con-
« naître qu'elle étaient prêts à obéir, et la lon-
« tour qu'ils y mettront, que l'on sait manquer un
« moment, en apporteront avec leurs fabriques. Vous
« chemins respecteront.
                            « Signé Lenoux. »

CHAPITRE XVI.

Madame n'était pas à bord du *Carlo-Alberto* quand il fut arrêté. — Mlle Le Beschu, ramenée d'Ajaccio à Marseille, est bien la même que celle conduite de Toulon à Ajaccio. — Protestation de M. le vicomte de Saint-Priest contre la violation du droit des gens. — Le *Carlo-Alberto* ne contenait rien qui pût le faire considérer comme suspect. — Supposition absurde des républicains. — Mensonges et calomnies insérés dans leurs feuilles. — Arrêt de la cour de cassation qui déclare le *Carlo-Alberto* en état actuel d'hostilité contre la France, et renvoie le subrécargue et les passagers devant la chambre des mises en accusation de Lyon. — Réflexions contre cet arrêt.

CHAPITRE

XIX.

Transaction prise à la suite du duel d'Ivry quand l'Amnistie. — Ajet à Lyon, somme d'Ajaccio à Marseille par la voiture qui allait conduite de Toulon à Ajaccio les députés de M. le vicomte de Saint-Priest comme président du plébiscite. — Le Code civil ne sera-t-il plus ne lire considéré comme suspect. — Suppression absolue des républicains. — Mais on y retomber bientôt dans leur fouilles. — Arrêt de la cour de cassation qui déclare la Cochabère dans le Conseil d'État d'in contre le Prince, et annule la subrogation et les poursuites devant la chambre des mises en accusation de Lyon. — Réflexions sur ce sujet.

J'ai dit et je le répète, d'après des renseignemens de la plus rigoureuse exactitude, qu'il est certain que MADAME n'était pas à bord du *Charles-Albert*, au moment où il fut arrêté.

Voici un document propre à lever tous les doutes que l'on s'obstinait à faire naître sur la qualité de la femme qui se trouvait à bord de ce bâtiment, quand il fut visité par *le Sphynx*, en vue de La Ciotat; c'est un procès-verbal qui constate que la femme ramenée d'Ajaccio à Marseille, est bien la même que celle qui avait été conduite de Toulon à Ajaccio. L'identité est évidente et démontrée; cette identité reconnue efface jusqu'aux dernières traces de la méprise qui avait eu lieu d'abord, quand on supposait que ce pouvait être Madame la duchesse de Berri, puisqu'il est constant que cette femme, toujours la même, n'est pas elle en effet. La clôture de ce procès-verbal est conçue en ces termes :

« Et toujours de même suite, nous, procureur du Roi, déclarons qu'au moment où le procès-verbal ci-dessus était rédigé, et lorsque nous en avons donné lecture à la dame soi-disant Rosa Stagliano, veuve Ferrari, pour ce qui la concerne, lui ayant offert de signer la partie du procès-verbal où il est question de son interrogatoire, cette dame a signé, ainsi qu'on le voit ci-dessus, au second *verso* de la première feuille de l'original, du nom de *M. Le Beschu*; ce qu'elle a fait en notre présence et en celle de M. de Rosamel, vice-amiral, préfet maritime;

de M. Chaucheprat, son aide-de-camp, et de M. Goubault, préfet du département du Var; de MM. Sarlat, lieutenant de vaisseau, Pochet et Lautier, lieutenans de frégate; de quoi nous avons dressé le présent procès-verbal, les jour, mois et an que dessus, à bord dudit navire *le Sphynx*, et avons signé la présente déclaration avec MM. Goubault, Sarlat, Pochet et Lautier. »

Signé : Chassan, Rosamel, Chaucheprat, Goubault, Sarlat, Pochet, Lautier.

La mesure injuste et attentatoire au droit des gens, prise par le gouvernement français envers les passagers du bateau à vapeur *le Charles-Albert*, voyageant sous la protection tutélaire du pavillon sarde, prend un caractère plus grave et plus odieux encore par l'opiniâtreté que le ministère a mise à vouloir persuader au public, en le faisant affirmer dans les feuilles à ses gages, que les événemens de Marseille, du 30 avril, n'avaient été que la conséquence d'un complot tramé entre les passagers de ce bâtiment et Madame la duchesse de Berri; qui, selon lui, était ou avait été à son bord, sans qu'il puisse indiquer l'époque et le lieu de son débarquement.

Tout le monde lira avec le plus grand intérêt la protestation qu'a faite M. le vicomte de Saint-Priest, contre cette violation ; elle contient des faits qui ne peuvent être révoqués en doute, et est ainsi conçue :

En rade d'Ajaccio, le 8 mai, à bord
le <i>Charles-Albert</i>.</div>

« Monsieur le Préfet,

« Détourné de ma route par un ordre arbitraire, et conduit sans motif légitime à Ajaccio, quoique protégé par le pavillon d'une puissance amie, je proteste formellement en mon nom et en celui des quatre passagers qui se trouvaient avec moi à bord du *Charles-Albert*, contre un acte aussi contraire au droit des gens.

« Le capitaine du *Sphynx*, auquel j'en ai porté mes premières plaintes, a allégué les ordres de son gouvernement; mais il n'a pu m'indiquer sur quoi ils étaient fondés : il a ajouté que c'était à vous que je devais m'adresser. Je réclame donc de votre justice, Monsieur le Préfet, ma mise en liberté, et celle du bâtiment à bord duquel j'ai dû me croire à l'abri de semblables vexations.

« Parti de Livourne pour l'Espagne avec des passeports en règle, et muni à Roses du visa des autorités espagnoles pour retourner à Nice, je n'ai rien à démêler avec les autorités françaises. Lorsque *le Charles-Albert* eut été forcé, par des avaries qu'il est facile de constater, à relâcher à La Ciotat, quoique admis à la libre pratique, ni mes compagnons de voyage ici présens, ni moi, n'en avons profité pour aller à terre, et nous pensions si peu à nous cacher, que *le Charles-Albert* avait déployé son pavillon au milieu de la rade. Quel motif, en effet, aurions-nous eu pour agir autrement? Aussi lorsque *le Sphynx* est venu nous visiter, nous n'avons pu voir dans cet acte qu'une méprise, et nous devions nous attendre que les faits une fois éclaircis à Toulon, et nos passeports trouvés en règle, rien ne nous empêcherait de continuer notre route. Quelle a donc été notre surprise en nous voyant menés à Ajaccio, sans qu'aucune raison valable eût été assignée pour pallier cette violation du droit des gens! La précipitation même avec laquelle tout ceci a eu lieu, et l'irrégularité des mesures prises, me font soupçonner quelque malentendu que je ne sais comment expliquer; Quoi qu'il en soit, Monsieur le Préfet, je réclame de nouveau la liberté de retourner à Nice, et elle ne peut m'être refusée : ni mes compagnons de voyage, ni moi, nous ne quitterons le *Charles-Albert*, à moins qu'on emploie la violence pour nous y forcer; et, dans ce cas même, nous vous en rendrions personnellement responsable; et nous aurions recours aux lois. Nous aimons à croire que ce recours ne sera point nécessaire, qu'il suffira que l'autorité soit éclairée pour qu'elle évite des actes qu'aux yeux de la France et de l'Europe, il serait impossible de justifier.

« J'ai l'honneur, etc.

SECONDE PROTESTATION *lue et remise au maréchal-de-camp commandant du département de la Corse, et au conseiller de préfecture remplissant les fonctions de préfet de la Corse, en présence du capitaine de gendarmerie et des six gendarmes appelés à bord pour constater que nous n'avions cédé qu'à la force.*

Le 9 mai 1832.

« Je soussigné, embarqué à bord du paquebot à vapeur *le Charles-Albert*, avec trois personnes de ma suite, déclare protester de toutes mes forces contre la violence qui m'est faite en me transportant de ce navire à bord du bâtiment d'État *le Nageur*.

« Déclare en même temps faire, par la présente, toutes les réserves qu'autorise, en pareille circonstance, le droit des gens méconnu, et rendre personnellement responsables les autorités civiles et militaires du département de la Corse, par l'ordre desquelles je me vois, moi et mes compagnons, privés de l'usage de notre liberté, sans qu'aucun motif ait été allégué pour colorer un acte aussi arbitraire.

« Le vicomte DE SAINT-PRIEST, duc D'ALMAZAN. »

Le bateau *mystificateur*, autrement dit le *Carlo-Alberto*, remorqué par *le Sphynx*, a mouillé le 17 mai 1832, au matin, en rade de Toulon. Immédiatement après son arrivée, M. le préfet maritime et ses aides-de-camp, M. le procureur du Roi et son substitut, M. le sous-préfet et son secrétaire, M. le maire et ses adjoints, se sont portés de *leur personne*, comme dit le procès-verbal, à bord de la *capture* du juste-milieu. Les agrès, les voiles, la chaudière, la machine, le charbon, tout a été mis sous le scellé par l'autorité corse, sauf l'équipage, qui a été transféré sur la frégate *la Bellone*. La Cour civilo-judiciaire-maritime n'a donc pas eu beaucoup à besogner dans cette affaire, au grand regret du procureur du Roi, que les lauriers de M. Persil empêchent depuis long-temps de dormir.

Quant à la pièce *probante* du procès, la dame

de trente-cinq ans, du *Moniteur ;* la dame au boa, du *Temps ;* la dame au grand voile, du *Constitutionnel ;* la dame rousse, du *National ;* la dame blonde, de *la Tribune ;* elle est, jusqu'à nouvel ordre, prisonnière. Il a fallu qu'elle signât le procès-verbal, et elle l'a signé, signé de son nom, de son nom véritable, du nom de son père, qui s'appelle M. Le Beschu.

Mlle Le Beschu est une jeune personne attachée depuis son enfance à Madame, et dont le dévouement pour son auguste maîtresse ne connaît point de bornes. *Le voilà donc connu ce secret plein d'horreur.* Un ancien ambassadeur, trois jeunes braves, une jeune fille aux cheveux blonds, telle est la formidable armée qui a fait trembler le juste-milieu, et mis le parti républicain *hors des gonds.*

Mais les munitions de guerre, mais les armes à feu trouvées sur le *Carlo-Alberto*, que sont-elles devenues? Hélas! elles ont disparu! Pas un boulet, pas un sac à poudre, pas un canon, pas même une espingole..... Mais les diamans, mais les trésors, mais les millions signalés par *le Constitutionnel......* Le sous-préfet d'Ajaccio, ou, à son défaut, le procureur du roi de Toulon, les a-t-il du moins mis en lieu de sûreté? Hélas! hélas! 28,000 francs! Voilà, après l'avoir compté ric-à-ric, à diverses reprises, le montant exact des richesses de la contre-révolution. C'est avec cette somme, il faut bien l'avouer, qu'elle se flattait d'acheter les *glorieux* du Midi. M. de Châteaubriand, ce grand magicien de la légitimité, n'a-t-il pas *corrompu* la ville des barricades avec 12,000 francs?

Quittons ce badinage, la révolution ne plaisante pas : elle redemande sa proie, elle rugit. Il faut qu'on lui livre la *veuve Berri*. Entendez-vous? Les patriotes de 1830 disent : *la veuve Berri*, comme les patriotes de 1793, après avoir fait rouler la tête de Louis XVI sur un échafaud, disaient : *la veuve Capet......* Pauvres gens qui se font copistes du langage cynique de leurs devanciers, comme ils se précipiteraient dans l'initiative de leurs crimes si la France tombait assez bas pour le souffrir!

Nos clubistes prétendent donc que Mlle Le

Beschu a été substituée à la mère du duc de Bordeaux. Cette opinion leur est arrivée toute faite de Paris, et c'est un motif de plus pour qu'ils la soutiennent avec fureur. Peu importe de calomnier les marins de *la Bellone* et du *Sphynx*, qui tous reconnaissent dans Mlle Le Beschu la dame arrêtée à La Ciotat. Que sont, après tout, ces officiers pour qu'on les ménage ? Le commandant de *la Bellone* n'est-il pas frère d'un curé ? Donc il est jésuite ! L'officier qui monte *le Sphynx* n'a-t-il pas servi auprès du maréchal Bourmont, alors que le vainqueur d'Alger, préludant à sa haute et fatale destinée, versait à Nogent-sur-Seine son sang pour la France ? Donc il trahit ! Voilà la logique des hommes de la révolution, car dans les rangs de juillet, la place des passions haineuses et des soupçons outrageans est bien plus grande que celle des convictions et des dévouemens.

Après les bruits de nos clubistes, j'aurais voulu parler des nouvelles qu'ils adressent chaque jour aux journaux de Paris ; mais s'il fallait démentir toutes ces calomnies, toutes ces fausses suppositions, toutes ces stupidités, tous ces bruits mensongers, tous ces faits controuvés, odieux et ridicules dont ils ont sali leurs feuilles à l'occasion de l'événement de Marseille et de Toulon, les colonnes de *la Quotidienne* n'y suffiraient pas.

Pour en terminer de ce malheureux *Carlo-Alberto*, on fera connaître, dans son dispositif, l'arrêt de la Cour de cassation du 7 septembre, qui annulle un arrêt de la Cour royale d'Aix, lequel avait ordonné la mise en liberté du subrécargue et des passagers de ce bâtiment. Il est ainsi conçu :

« Après six heures de délibération, la Cour vidant le délibéré ordonné par son arrêt d'hier ;

« Ouï Mᵉ Hennequin, avocat des défendeurs à la cassation, ensemble M. le procureur général,

« Sur les fins de non-recevoir ;

« Attendu que si la notification du pourvoi aux accusés, par la lecture qui doit leur être donnée, aux termes de l'article 418 du Code d'instruction criminelle, n'était pas suffisamment établie par la mention contenue dans l'expédition du pourvoi, il n'en résulterait pas moins une fin de non-recevoir contre le pourvoi, mais seulement que l'arrêt de la Cour à intervenir serait susceptible d'opposition;

« Attendu, que d'ailleurs la disposition de l'art. 418 n'est pas prescrite à peine de nullité;

« Attendu enfin que les défendeurs, en plaidant au fond, auraient couvert cette nullité;

« Attendu, que la décision attaquée est définitive, puisqu'elle prononce l'annullation d'un acte et ordonne la mise en liberté de plusieurs personnes;

« Attendu, que l'article 299 du Code d'instruction criminelle et les trois cas qui y sont prévus ne se rapportent qu'aux arrêts de renvoi;

« Que si à ces arrêts est jointe quelque disposition distincte contenant violation de quelque article de loi, cette disposition est soumise aux règles générales en matière de pourvoi;

« La Cour rejette les fins de non-recevoir, et statuant au fond;

« Attendu, que le privilége établi par le droit

des gens en faveur des bâtimens portant pavillon ami ou neutre cesse, dès qu'au mépris des obligations de neutralité ou d'amitié, des actes d'hostilité sont commis, que ces bâtimens alors deviennent ennemis, et doivent subir les conséquences de leur agression ;

« Attendu que l'arrêt de la chambre d'accusation de la Cour royale d'Aix, qui a prononcé la mise en accusation du subrécargue et des passagers du navire *le Carlo-Alberto* déclare en fait qu'un complot a été formé contre diverses personnes dont les unes étaient en France et les autres en Italie ; que ce complot a reçu, en ce qui concerne les personnes qui étaient en Italie, un commencement d'exécution, et qu'ayant nolisé un navire à Livourne pour la fausse destination de Barcelone, ils ont fait embarquer clandestinement dans ce navire la duchesse de Berri sur la plage de Via-Reggio ; qu'ils l'avaient fait inscrire à Livourne sous la fausse dénomination de femme-de-chambre d'une de ses anciennes demoiselles d'atours, qui elle-même avait été inscrite sous un faux nom ; que les personnes embarquées au nombre de douze, soit à Livourne, soit à Via-Reggio, avaient caché leurs véritables noms; après quoi, dans la nuit du 28 au 29 avril, la duchesse de Berri avait débarqué avec dix personnes, à l'aide d'un bateau-pêcheur qui les guettait à cet effet, et que c'était à la suite de ces faits qu'un complot avait éclaté, le 30 avril au matin, à Marseille;

« Attendu que de ces faits ainsi posés par la chambre d'accusation, il résulte que le bâtiment le *Carlo-Alberto* est parti de Livourne avec de fausses pièces de bord; que sa destination réelle était de servir à l'exécution du complot; qu'il avait été nolisé à cet effet, et qu'il y a servi;

« Qu'on ne peut donc invoquer en faveur de ce navire le privilége du droit des gens qui n'est établi que pour les bâtimens amis ou neutres; d'où il suit qu'en attribuant ce privilége au *Carlo-Alberto* la décision attaquée a faussement et par cela même violé les principes du droit des gens.

« Quant aux moyens de l'arrêt de la chambre d'accusation, tirés de ce que l'arrestation des défendeurs à la cassation aurait été effectuée au moment où il était contraint par la force majeure de relâcher à La Ciotat, pour réparer des avaries arrivées à sa chaudière, et pour renouveler sa provision de combustible; et de ce que ces circonstances sont de la nature de celles qui parmi les nations policées placent un bâtiment sous la sauve-garde de la bonne foi, de la générosité et de l'humanité. Attendu que ces principes ne peuvent pas être appliqués lorsque le bâtiment a été l'instrument d'un complot et s'est mis, comme dans le cas dont il s'agit, en état actuel d'hostilité, puisqu'il portait des personnes qui ont été accusées plus tard comme conspirateurs :

«Par ces motifs, la cour casse et annulle la disposition de la cour d'Aix, par laquelle cette cour a ordonné la mise en liberté de MM. de Bourmont fils, Saint-Priest, demoiselle Le Beschu, Zara et autres; qu'ils seraient reconduits sur le territoire sarde, et que l'on poursuivrait comme il appartiendrait les auteurs de leur arrestation; le surplus de l'arrêt sortissant son plein et entier effet;

« Et pour être fait droit sur la demande en nullité d'arrestation formée par les susnommés, la cour les renvoie devant la chambre des mises en accusation de la cour de Lyon, à ce déterminée par délibération spéciale;

« Ordonne que le présent arrêt sera imprimé et transcrit sur les registres de la cour d'Aix; et avant de statuer sur la demande en renvoi devant une autre cour que celle des Bouches-du-Rhône, pour cause de sûreté publique ou de suspicion légitime, ordonne que cette demande sera notifiée aux accusés, pour par eux fournir leurs observations dans la quinzaine, et être statué par la cour ce qu'il appartiendra. »

Cette décision de la cour suprême, attendue avec impatience, a étrangement surpris tous ceux qui se connaissent en justice et en légalité.

On doit s'étonner, en effet, que pour justifier une violation flagrante du droit des gens, la cour admette comme constant que le frêle *Carlo-Alberto* et ceux qui le montaient étaient en état *actuel* d'hostilité contre la France, et devaient conséquemment être traités en ennemis.

Où a-t-on donc été puiser les élémens qui ont donné lieu à une supposition aussi absurde?

Et quand il serait vrai que Madame, duchesse de Berri, aurait été véritablement sur ce bâtiment, devrait-il s'ensuivre que les événemens de Marseille du 3o avril fussent la conséquence de son prétendu débarquement, dont on ne peut indiquer le lieu?

Des émeutes et des troubles n'ont-ils pas éclaté de tous les points de la France depuis plus de deux ans, tandis que la princesse était paisible à Holy-Rhood?

La cour de cassation a préjugé ici une question de fait dont la connaissance ne lui appartenait pas, et son arrêt s'est ressenti de cette dangereuse influence qu'on doit toujours craindre et éviter dans le jugement d'une matière politique.

CHAPITRE XVII.

Manière de vivre des gentilhommes vendéens. Leur simplicité. — Leur bonté envers les bourgeois et les paysans. — Ceux-ci les défendirent contre les persécutions qu'on leur fit éprouver dans la révolution de 1789. — Nomenclature de tous les généraux en chef, officiers-généraux, commandans et autres officiers vendéens et chouans, qui ont fait les campagnes de 1793, 1794, 1795, 1796, 1799 et 1815.

Avant de donner quelques détails sur les derniers faits d'armes de la Vendée, et de signaler à l'admiration de tous ceux qu'anime un cœur vraiment français, le courage surhumain de Madame, duchesse de Berri, j'ai cru devoir donner une idée juste de la manière de vivre des gentilshommes vendéens, de l'attachement des paysans pour leurs maîtres, des rapports des seigneurs envers les roturiers ; en un mot, de leurs mœurs tout entières, dans lesquelles, si l'on remarque l'union qui existait entre le noble, le bourgeois et le simple fermier, on trouvera facilement et la cause de leur antipathie commune pour la révolution, et celle de leur attachement sans bornes à la monarchie légitime. Et comme il n'est pas un bon royaliste qui n'aime à reporter ses souvenirs vers ces braves officiers vendéens qui ont fait les campagnes de 1793 à 1815, j'ai cru faire chose utile et agréable que d'en donner la nomenclature complète dans ce chapitre, en attendant que je puisse publier, sans les compromettre, celle exacte de ceux des défenseurs de la couronne de Henri V qui ont combattu depuis 1830 pour cette noble cause.

MANIERE DE VIVRE DES GENTILSHOMMES VENDÉENS AVANT 1789.

On peut dire qu'avant 1789, les nobles vendéens ne ressemblaient nullement à ceux des autres provinces de France. La simplicité vendéenne avait influé sur leurs mœurs; et si l'on peut considérer les paysans du Bocage comme les Français du quinzième siècle, on peut regarder les gentilshommes de ce pays comme les La Hire, les Dunois, les Xaintrailles des Charles VII et des Louis XI.

Leurs châteaux n'offraient ni faste, ni magnificence ; on n'y voyait ni jardins anglais, ni jets d'eau, ni parcs renfermés. Une grande salle peu décorée, une table copieuse, mais sans délicatesse, des vêtemens simples, une grande bonhomie, tels étaient leur luxe et les traits caractéristiques qui les distinguaient. La chasse était leur passion favorite, après celle de faire du bien.

Les dames et leurs maris vivaient bourgeoisement, couchaient dans le même lit, n'avaient qu'un même salon, voyageaient à cheval, à pied, mais jamais en carrosse. Quelquefois, quand ils étaient malades, ils se faisaient traîner, comme nos rois de la première race, dans des voitures attelées de bœufs. L'hospitalité était une de leurs principales vertus.

Quiconque venait les voir pouvait être assuré

d'être bien accueilli. Le moindre bourgeois, le fermier, étaient reçus à leur table (1); ils y étaient abondamment servis ; on leur faisait boire du vin autant qu'ils en pouvaient boire, et souvent même plus qu'ils n'en pouvaient supporter; car, chez les Vendéens, faire enivrer son hôte est une très grande politesse.

Avec la même simplicité, les nobles allaient manger chez les bourgeois, chez les paysans même. Ils allaient aux noces, étaient parains des enfans, leur prêtaient de l'argent ou du blé dans leurs momens de détresse, allaient à la chasse avec eux, et leur servaient de protecteurs et d'amis dans toutes les occasions.

Tout cela se faisait sans morgue, sans air de

---

(1) Il n'est ici question que des nobles de race, et non des anoblis et des faux nobles. On trouvait dans la Vendée, comme ailleurs, quelques marquis d'avant-hier, qui, par des tons de hauteur et une morgue comique, étaient complètement ridicules, et semblaient justifier ce proverbe, que moins il y a de distance entre les hommes, plus on est soigneux de la faire remarquer.

dignité, et comme la chose du monde la plus naturelle.

Comme il n'y avait dans la Vendée aucun grand corps de ferme, et que toutes les terres étaient divisées par métairies dont les fruits se partageaient entre les propriétaires et ceux qui les exploitaient, il y avait chaque jour de nouvelles relations entre les paysans et leurs seigneurs. Ces derniers s'affligeaient naturellement des pertes de leurs fermiers, et se réjouissaient de leurs profits.

Quand un paysan était malade, le seigneur était le premier appelé. Madame la marquise et madame la comtesse apportaient des drogues, des conserves, des bouillons. Le malade était secouru et consolé par les témoignages d'une véritable affection.

Le dimanche le bal se tenait dans l'avenue du château. Monsieur le comte dansait avec ses fermières; madame la comtesse faisait le même honneur aux fermiers; le vin n'y était point épargné; tout se passait néanmoins avec ordre et décence. On respectait son seigneur autant qu'on l'aimait; on était familier avec lui, sans sortir des bornes du respect.

Les bourgeois, les citadins, partageaient les sentimens des paysans; ils n'étaient ni méprisés ni humiliés par les nobles; chacun se tenait dans son rang, et tous vivaient bons amis. Ceux mêmes des bourgeois qui adoptèrent la révolution, et le nombre en a été bien peu considérable, n'ont jamais cherché à nuire aux nobles; et dans les occasions où on a voulu les perdre, ils les ont secrètement avertis ou protégés contre leurs ennemis. Presque tous ont pris les armes pour le Roi en 1793; je parle ici particulièrement de ceux du Bocage.

On ne doit pas s'étonner, d'après les dispositions des trois classes du peuple vendéen, si la révolution de 1789 n'a pu prendre racine dans la Vendée. Toutes les déclamations contre la morgue et la tyrannie des nobles n'étaient ni entendues ni même comprises par ces braves gens; on ne savait à la lettre ce que l'on voulait dire, et aussitôt que la persécution se fut étendue jusqu'à ceux de la Vendée, bourgeois et paysans prirent spontanément les armes pour les défendre et confondre leurs ennemis. Certes, si toute la France avait partagé l'opinion de la Vendée, il n'y aurait point eu de révolution.

Maintenant que j'ai donné cette esquisse des mœurs vendéennes, je passerai à la liste des généraux et autres principaux officiers vendéens et chouans qui ont fait les campagnes de 1793 à 1815.

NOMENCLATURE

DES OFFICIERS VENDÉENS QUI ONT SERVI DANS LES CAMPAGNES DE 1793, 1794, 1795, 1796, 1799 ET 1815.

Généralissimes.

MM. Cathelineau (Jacques, du Pin-en-Mauges),	en 1793
Gigot d'Elbée (de l'Anjou),	ibid.
De La Rochejacquelin (Henri, de Saint-Aubin-Baubigni),	ibid.
De La Rochejacquelin (Louis, frère du précédent),	1815

De Fleuriot (le chevalier de la Bretagne), 1793
De Sapinaud (de la Gaubertière),
1793, 1815

Officiers qui ont commandé des armées indépendantes.

MM. Charrette de la Contrie (Athanase),
en 1793
Baudri d'Asson, ibid.
De Royrand, ibid.
Salgues de Lescure, ibid.
De Bonchamp (Arthus), ibid.
De Lyrot de la Patouillère, ibid.
De Laroche-Saint-André, ibid.
Gaston (de Challans), 1792
De Marigny, 1794
D'Autichamp (Charles), 1793, 1799, 1815
De La Bouchetière, 1793, 1799, 1815
Stofflet (de l'Alsace), 1794
Jolly, 1793
De Couétus, ibid.

De La Cathelinière,	1793
Guéry de Clousi,	ibid.
Savin,	ibid.
Vrignaux,	ibid.
Pajot (du Marais),	ibid.
D'Abbayes,	ibid.
Grignon (de Pouzanges),	1799
De Suzannet,	1799, 1815

Généraux de cavalerie, d'artillerie, de génie.
— *Gouverneurs du pays conquis.*

MM. Le prince de Talmont,	en 1793
Le comte Donnissan (du Médoc),	ibid.
De Péraut,	ibid.
De La Marsonnière,	ibid.
Prudent-de-la-Roberie,	ibid.
Beaumel,	ibid.
Fleuriot-de-la-Fleuriage,	ibid.
Du Houx d'Hauterive,	ibid.
De Hargues (de la Châtaigneraie),	ibid.
Forestier (de l'Anjou),	1793, 1794, 1799
D'Isigny,	1793

De Piron (de la Bretagne), 1793
Domagné (de l'Anjou), 1794
De Béjarry (deux frères), 1793
Sapineau de la Verrie, ibid.
Charrette de Kersaut, 1794
De Boisy, 1793
Bonnein, ibid.
Kesler, ibid.
Canuel (de Loudun), 1815
De Scépeaux, 1793
De Civrac, 1815
Herbaud, 1793
D'Oppeinheim, ibid.
Le chevalier Desessarts (de Boimé), ibid.

Généraux d'armées dépendantes ; majors-généraux, adjudans-généraux, commissaires-généraux.

MM. Auguste de La Rochejacquelin, en 1815
De Laugrenière père (de Grenouillon), 1793
De Beauvolliers aîné (de Loudun), ibid.
Renon (de Loudun), 1793, 1799, 1815

De la Ville-de-Baugé (de Thouars), 1793, 1794
Lucas Championnière, ibid.
Le Moëlle, ibid.
Alexandre Pineau, ibid.
De Bruc, 1794
De Saint-Hubert, 1815
Du Chaffaut (5 du même nom), 1793, 1815
Le chevalier Destouches, 1793
Girard de Beaurepaire, ibid.
Piet de Beaurepaire, ibid.
Du Pérat, 1793, 1815
Villeneuve du Cazeau, 1793
Allard (de la Rochelle), 1793, 1815
Bérard, 1793
De la Croix, ibid.
Forêt, ibid.
Bernier (curé de Saint-Laud), 1794
De Verteuil, 1793
Lemaignant fils (de Thouars), 1799, 1815
De Mornac, 1815
De la Ville-Gile, ibid.
Du Chesne, ibid.

De Tussac,	1815
Danglars, aîné,	ibid.
De Romain (d'Anjou),	ibid.
Guérin (du pays de Retz),	1794
Trottouin (de Thouars),	ibid.
Le chevalier de Beauvolliers,	1799
Desabays,	1815
Du Parc-Pallu (de Poitiers),	1799

Autres officiers désignés par ordre alphabétique.

Abanour (d').
Allard fils.
Ardoux.
Arnaud.
Aubri (de Mirebeau).
Augereau.
Aujorau (de Paris).
Auvinet.
Avril (deux frères).
Bagneux (de).
Baillarge (de).
Beauveau (de).
Beauregard (de).
Beaugrand.
Beauvais (de).
Beauvollier le jeune (de).
Bellevue (de).
Bernier (de Loudun).
Berthaud.
Berthier (de Doué).
Bessay (de).

Baraudières (des). Bernard.
Barbot. Brancour.
Bardin. Besnier de Chambré.
Bascher. Bibard.
Bacher (4 de ce nom). Bez (de).
Barbarin. Biré (de).
Baudouin. Biret.
Bareau. Blain.
Baudrier. Bodet.
Baudry. Bodet de la Fenêtre.
Beaucorps (de). Bodereau.
Bourbon. Body.
Bourgneuf (de). Bois-Laurent (de).
Bourniseau (Auguste Boislinard (de).
de) de Thouars. Boispréau (de).
Bouteau (de Noirmou- Boncy.
tier). Bossard.
Bouthilier (de). Borg.
Boursaut. Boudu.
Bernès (de). Boisgautier.
Bourasseau. Bouchet.
Bougon (de Norman- Bousseau.
die.) Brandeau.

Bréchart (de Fontenay).
Brélard.
Brémond (de).
Bret (de).
Brignon.
Brin.
Briou.
Brocourt.
Brunet.
Bureau.
Bunel (de).
Brossier.
Cady (deux frères).
Caillau.
Caillot.
Caquercy (2 frères).
Cambourg père et fils (de).
Carné.
Carréga.
Carrière (de Fontenay).

Cathelineau (deux frères et un fils du généralissime).
Carconet.
Catuélan (de).
Cazenaque (de Chinon).
Céris (de).
Cesbrous d'Argognes (de).
Cébrou.
Cérios.
Charrette (un frère et deux neveux du général).
Chalons.
Charrier (de Maulevrier).
Charrier.
Charbounet.
Charbonnel.
Charbonnier.
Charlot.

Chantereau (du).	D'Amenour.
Champ-Vallier (de).	D'Auzon.
Chabot.	De Goulaine.
Cornulier.	Descrivieux.
Concise (de)	Desminières (de Poitiers.)
Cossin de Maurivet.	
Coulon.	De Lessert (de Courlé).
Courtin.	De Labarre.
Couty.	Delaville père et fils (de Rigny).
Cuiolas.	
Chenet.	De la Barre.
Chevallereau.	De la Porte.
Chevigné de l'Ecorce.	Destouches.
Chollet.	Des Essarts père (de Boimé).
Clairville (de Loudun).	
Clergeau (de Poitiers).	De la Croix.
Clisson (de).	De Nerde (de Montreuil Bellay.)
Clabat (de).	
Collin.	De Fay (de St-Macaire).
Dauguy-de-Vue.	Desprès.
Danoville.	De Nauroy.
Dargens.	De Landemont (trois frères).
David.	

De Bé.
Devieux.
Denoues.
Désormeaux.
Des Sorinières.
Des Romans (de Martigné).
Desnau du Chêne.
De Nossay (de Niort).
De Pouët.
De Varennes.
De Launay (de Normandie).
De Chouppes.
De Lusignan, deux frères (de Poitiers).
Délauson-la-Roulière.
De Lauson.
Désvanes (de Thouars).
De Feu (de Chatillon).
De Morand, père et fils.
Du Chesnier.

Dufougeroux.
Duclos.
Du Bouchet.
Dubillot.
Dulac.
Dulandreau (deux frères.)
Dugua (de Montbert).
Dezanneau (Clément).
Des Marmenières.
De la Sayette.
De Martel.
De Rancher.
De Ménard.
De Laveau-du-Plessis.
De Grasse de Saint-Sauveur.
De la Haie (deux frères).
De Toiré.
De la Sorinière.
De Vaudreuil.
Des Méliers.

De Laistre.
De Villers.
De Néchau.
De Varice.
Du Temple (Prosper).
Dureau.
Domec.
Du Bouy.
Dumagny.
Du Mesnil.
Du Moni.
Du Chêne.
Du Moutier - Cossin (deux frères).
Du Moustier.
Du Doré.
Dupin.
Du Ris.
Du Guiny.
Du Bois.
Durand (de la Pommeraie).

Du Rivaut (de Poitiers).
Du Vigier (deux frères).
Du Soulier.
D'Hugonneau.
De Buort.
De Pommier.
Eriaut.
Ervouet.
Escayrac.
Fabré.
Fénélon (de).
Féraudière.
Ferraud (Jules, sous-préfet d'Airvaut).
Flamingue.
Flavigny.
Fortin.
Fourcaud.
Fougaret.
Frottier de Bagneux.

Franchet.
Frey.
Gabart.
Gallet (de Mirebeau).
Giraut.
Goulepot.
Garré.
Gogué (deux frères).
Gourbillon (de).
Goné (de).
Goyon (de).
Grelier.
Griffon (de).
Grégoire.
Grignon de l'Eperonnière (deux frères).
Guérin du Martrail.
Guéri de la Fortinière.
Guillerin de Boitissandeau.
Guignard.
Guignes (de Fontenay).

Guittouneau.
Gottet.
Guyot (Jean).
Garreau.
Gareau.
Gain (de Montreuil).
Gautier.
Gauvin (de Grais).
Genest.
Gibert.
Giraudet.
Hériaut.
Husseau.
Hameau.
Jagaut, deux frères (de Thouars).
Jarry.
Joly fils (des Sables).
Josselin.
Jousselin.
Keuraie.
Keremard.
Kermel.

Kersabieck.
Lantivy (de), sous-préfet.
L'Archenau (de), deux frères.
La Jaille (de).
La Voute (de).
La Sécherie (de).
Laugerie (de).
La Rochefoucaut (de).
La Voute (de).
La Grossetière (de).
La Nougarette (de).
La Plante.
La Pierre.
La Bouère (de).
L'Audré.
La Godellière (de).
La Roche (de), de Luzais, deux frères.
La Beraudière (de), trois frères.
Laugrenière (de), fils.
La Faire (de).
La Haye (de)
La Lézardière (de).
La Trésorière (de).
La Mothe (de)
La Saumorière (de).
La Salmonière (de).
La Voyerie (de), trois frères.
La Roche - Courbon (de).
La Guérivière (de).
La Bigotière (de).
La Roche - Saint-André, fils.
La Renollière (de),
La Roberie (de), trois frères.
La Louerie (de).
Langlois.
La Garde (de), père avec ses deux fils (de Thouars).

La Roche - l'Epinay (de).
L'Epinay (de), de Loudun.
La Pelouse (de).
La Bretesche (de).
La Paumillère (de), deux frères.
La Maronière (de).
La Bastière (de).
La Chevalerie (de).
Lambert.
La Suse (de).
La Patelière (de).
Lafogerie (de).
La Féronière (de).
Launay.
La Pierre.
La Roche (de Montreuil).
Lebrun.
Léger.
Lefèvre.

Lecouvreur.
Lemaignan - de - l'Ecorce.
Lelarge.
Lebreton.
Lemaignan père (de Thouars).
Le Cotillonaud.
Le Pertière.
Le Geai.
Légé.
Leroux (de Thouars).
Ligron (de Thouars).
Lhuillier (de l'Anjou).
Lichtenheim.
L'Infernat.
Lesquin.
L'Étourneau.
Lunel.
Lunet (de).
Lyonnet.
Marchand.
Marné.

Martin.
Marsanges (de).
Massip.
Marans (de).
Martel (de Nantes).
Ménard.
Meynard.
Meunier.
Mounier.
Mosnier.
Moudiou-de-Chassigny (de Loudun).
Monnet (de Chinon).
Moutois (de Poitiers).
Moulin.
Morinais.
Morand (de la Flocellière).
Nieul (de), de Poitiers.
Neveu (de St-Varent).
Nicolas père, avec ses deux fils (de St.-Varent).

Nicolas (du Marais).
Nicolas (de Chollet).
Obirn.
Odaly.
Oger.
Orré - Digueur (de Thouars).
Paigné.
Paillou.
Palliern.
Maussabré (Louis de).
Maurivet (de).
Mauvilain (de).
Maurisset (de Chollet).
Martin-Baudinière.
Mazin.
Poirier (du Lavoir).
Poirier de Bauvais.
Ponce.
Pouït-Réné (de Saint-Varent).
Praucher.
Putaud.

Puyravaux (de).
Puytesson (de).
Queyriau (de Bordeaux).
Quocu.
Rayneau.
Raye.
Redon-Puy-Jourdain (de Thouars).
Renaudeau.
Reveau (de Saint-Varent).
Papin.
Parnay.
Payot.
Pérère.
Perdriau.
Prudhomme (du Loroux).
Sanglier (de), de Loudun.
Sapineau (du Bois-Huguet).
Sapineau de la Verrerie (deux frères).
Sarrasin.
Savatte (de).
Saujeon.
Sauvageot.
Scheton.
Solirac.
Solilhac.
Sortant.
Songy de Rieux.
Soyer (deux frères).
Saint-Aulaire.
Saint-André.
Sainte-Croix.
Rezeau.
Remijoux (de).
Richard-du-Plessis.
Richard (de Cerisais).
Richardin (de Noirlieu).
Richeteau-de-la-Touche-au-Noir.

Robert, du Carabas.
Robert (du Marais).
Robert.
Rond.
Roger-Moulinier.
Roucher (du Pin).
Rinchs (de la Suisse).
Toupil-la-Valette.
Toutan (trois frères, de Loudun).
Tranquille.
Tristan-Martin.
Turpaut (de Châtillon).
Turpaut (de Lyon).
Valois.
Vaunier.
Saint-Hilaire.
Saint-Ours.
Théraudière.
Texier (trois frères, de Courlé).

Thiébault.
Thonnard du Temple père, avec ses trois fils (des Trois-Moutiers).
Thouaré de la Roussière.
Thouzeau.
Tinguy (de).
Tilly (de).
Tonnelay.
Valter.
Vasselot (de).
Vaugiraud (de).
Vandaageron.
Venant-de-Champ.
Vielband-Fleury (de Thouars).
Vincendière.
Viard (de), deux frères.

NOMENCLATURE.

DES GÉNÉRAUX ET OFFICIERS CHOUANS QUI ONT SERVI DEPUIS 1793 JUSQU'EN 1815.

Officiers qui ont commandé des armées indépendantes.

Béhague (de).	Chouau (trois frères).
Bois-Hardy.	De Silz.
Bourmont (de).	Du Boisguy.
Beaumont.	D'Allègre.
Botherel (de).	Desol de Grisolles.
Boulainvilliers (de).	D'Audigné.
Bernard de la Frogellière.	Du Bouais.
	Du Roset.
Colbert de Maulévrier.	De Ruays.
	Du Juglard.
Coislin.	De la Trimouille (le chevalier).
Courson.	
Cécillon.	De Sérent.
Collin de la Coutrie.	De Verdun.
Coquereau.	Du Parc.
Cormatin.	De Bois-Berthelot.

D'Anesse des Moutar- La Nougarède.
dat. La Vieuville.
D'Audigné desAlliers. Lantivy.
D'Ambrugeac. La Nivaudais.
De Prunes. Marguerie.
De Goville. Picot.
Focard. Pitt.
Florac. Prégent.
Frotté (de). Prényon-Morin.
Gaudin la Brillais. Puysaie (de).
Georges Cadoudal. Ridalva.
Guillemot. Roche-Cotte.
Godet de Châtillon. Saint-Régent.
Gatines. Solilhac.
Gaulier. Sécillon.
LeChandelier. Scépeaux (de).
La Bourdonnaie (deux Tête-Carrée.
frères). Turpin.
La Prévalaye. Tinteniac (de).
Lemercier. Vasselot (de).
La Poterie. Vauban (de).
La Bolbène. Vaugiraud (de).

Autres commandans et officiers.

Applaignot.	Charbonnier
Alain-Nédelec.	Châteauneuf.
Bernard de Ville-	Carré.
neuve.	Curville.
Bertin.	Chapeau-de-la-Roche.
Berthelot.	Du Châtellier.
Boutidoux.	Du Magnan.
Brulard.	Dufour.
Busnel.	Du Trésor.
Beaumont (d'Angers).	Du Troroux.
Bois-des-Rues.	Duval.
Boutoillis.	De Lauson.
Brunswick.	Du Ponceau (d'An-
Bruslon.	gers).
Bois-Baudron.	Du Viguier.
Bon-Fils.	De Villemorges (d'An-
Boiton.	gers).
Cadoux.	Du Plessis-Grénédan.
Cadeau.	D'Ampherné.
Chalus.	D'Andlar.

D'Anglas.
D'Anicourt.
Deschamps de Villiers.
De Trécessaut.
De Lanais.
De Bar.
Desloges.
De Meaulu.
De Nantois.
De Pange.
Dieusic.
De Péronne.
De Legge.
D'Oiron.
D'Hugon.
Du Breuil.
De Payan.
Fougeroux.
Franc-Bernard.
Freston.
Falloux (d'Angers).
Gaubert.
Geslin.

Gazet.
Gourlay.
Gourlet.
Guernissac.
Guillo.
Guilvie.
Gatines (deux frères).
Guillemain.
Hingant - de - Saint-
   Maur.
Jarry.
Jean-Jean.
Jouette.
Lambert.
L'Argentois.
La Crochais.
La Moussaie.
La Marche.
Lanion.
La Féronière.
La Godenière.
La Haie Saint-Hilaire.
La Rosière.

La Baronais.	Métairie.
La Massue (trois frères).	Mont-Luc.
	Mouille-Muse.
La Nourais.	Passaplau.
La Jacobière.	Palliern.
Legué (de St.-Brieux)	Perchais.
Lahéchois.	Phelippeaux.
Leroi.	Pinto.
Lefèvre.	Plancouet.
Leloureux.	Pont-Bellanger.
Lepaige.	Piles.
Letiers.	Quentin.
Leveneur.	Rangot (de).
Lhermite.	Richard.
Lecat.	Robinot.
Laugrenière.	Sarrasin.
Levaret (d'Angers).	Saint-Pierre.
Moudion-d'Artigny.	Saint-Victor.
Moulé de la Roitrie.	Sérant.
Moulins (le chevalier).	Saint-Julien.
Mandat.	Saint-Hilaire.
Marianis.	Saint-Georges.
Mauleu.	Saint-Gilles.

Tanneguy-du-Châtel.	Tristan-l'Ermite.
Tercier.	Troussier.
Terrien.	Texier-Duval.

Qu'on juge maintenant, d'après ce tableau qui ne contient que les officiers les plus marquans, combien était considérable l'armée de la Vendée, et en raisonnant par analogie, on verra quelles ressources énormes on trouverait encore dans ce pays, si l'on avait l'intention sérieuse d'y exciter un soulèvement général, et d'y organiser des troupes réglées.

Ni l'habileté, ni le courage ne manqueraient, car tous les braves dont les noms précèdent sont voués par leurs exploits, à l'admiration, non-seulement des royalistes, mais encore de tous les militaires contre lesquels ils ont combattu.

ooo☉ooo

CHAPITRE XVIII.

Énumération des hommes fournis par la Vendée et des forces qui y ont été envoyées. — Ressources qu'offre ce pays. — Les Vendéens et les chouans sont légitimistes par conviction.—Madame dans l'Ouest. S. A. R. triomphera, et la cause de son fils est à jamais gagnée. — Calomnie des *républicains* contre les *légitimistes*. — Ceux-ci sont bien loin d'être protégés par le pouvoir, comme le prétendent ceux-là. — L'autorité a tout fait pour que Madame fût arrêtée. — Les *Vendéens* et les *chouans* ont été calomniés. — Preuves de leur bravoure et de leur loyauté.

Pour chercher à diminuer, dans l'esprit public, l'impression que devaient produire la gravité des événemens qui se sont succédé depuis 1830 dans les provinces de l'ouest, et la conflagration qui leur donne vie, le pouvoir a eu soin de faire dire par les feuilles à ses gages que les corps vendéens et bretons ne se composaient que de réfractaires, et que la population restait indifférente, inactive, à l'écart, et en dehors de l'action.

Je vais, par une solution de chiffres, donner un démenti formel à cette ridicule assertion.

Les levées d'hommes opérées depuis 1821 jusqu'en 1830, pour toute la France s'élèvent, savoir :

Pour 1821, à............. 40,000
   1822............... 40,000
   1823............... 12,000
   1824............... 32,000
   1825............... 45,000
   1825 et 1826........ 31,000
   1826............... 44,000
   1827............... 60,000
   1824, 1828 et 1829..108,000
   1829............... 40,000
   1830............... 80,000

   Total.........532,000 h.

Sur ces 532,000 hommes il faut savoir combien les départemens qui ont été placés sous le commandement du général Bonnet, et que le gouvernement de Louis-Philippe a désignés sous le nom de *départemens de l'ouest*, ont dû en fournir et en ont fourni en effet.

Il y a donc nécessité de dire quels sont ces départemens et quel a été le contingent imposé à chacun d'eux, de 1821 à 1830.

    1. Charente-Inférieure.. 7190
    2. Côtes-du-Nord...... 9941
    3. Finistère......... . 8648
    4. Ille-et-Vilaine...... 9369
    5. Indre-et-Loire....... 4903
    6. Loir-et-Cher........ 3964
    7. Loire-Inférieure..... 7626
    8. Maine-et-Loire...... 7899
    9. Mayenne........... 5980
   10. Morbihan......... 7119
   11. Sarthe............ 7462
   12. Sèvres (Deux-)..... 4515
   13. Vendée........... 5409
   14. Vienne........... 4619

           Total......94644

Ainsi ces 14 départemens sont entrés pour

94,644 hommes dans les 532,000 des quatorze levées qui ont eu lieu de 1821 à 1830.

Maintenant, je vais indiquer le chiffre des hommes de ces quatorze levées qui n'ont pas paru aux appels ou qui n'ont pas rejoint leurs corps; le voici, également divisé par départemens :

1. Charente-Inférieure.... 63
2. Côtes-du-Nord......... 61
3. Finistère............. 22
4. Ille-et-Vilaine........ 220
5. Indre-et-Loire........ 26
6. Loir-et-Cher.......... 28
7. Loire-Inférieure...... 106
8. Maine-et-Loire....... 206
9. Mayenne.............. 104
10. Morbihan............. 306
11. Sarthe............... 58
12. Sèvres (Deux-)....... 138
13. Vendée.............. 80
14. Vienne.............. 66

1484

D'autre part...... 1484
A quoi il faut ajouter environ
200 déserteurs, ci............ 200
                                ———
          Total............ 1684

En supposant, ce qui n'est pas possible, que ces 1684 hommes (1) aient vécu jusqu'à ce jour et que tous aient été propres à la guerre; en admettant, et ce serait déraisonnable, que tous ces hommes aient quitté leurs départemens pour se réunir en armes sur différens points de plusieurs de ces départemens, il semble que rien n'aurait dû être plus facile que d'en avoir raison par l'unique emploi de la garde nationale, si elle eût été dévouée, des gendarmes, des garde-côtes et des autres employés du gouvernement; mais pas du tout, on a jugé convenable de recourir à une armée, malgré toutes ces res-

(1) Il convient de faire remarquer que si l'armée a été privée de ces 1,684 hommes, elle en a gagné plus de 3,000 des mêmes départemens, par les enrôlemens volontaires pendant le même temps.

sources; et quelle armée encore! Je vais en donner le dénombrement au moment où elle a été placée sous les ordres d'un commissaire extraordinaire du roi (le lieutenant-général Bonnet, nommé pair après ses premiers triomphes) :

12 régimens d'infanterie de ligne à 2,500 hommes	30,000
6 régimens d'infanterie légère à 2,000 hommes	12,000
3 *idem* de chasseurs à 1,000 hommes.	3,000
1 *idem* de hussards	1,000
1 régiment de lanciers	1,000
1 *idem* d'artillerie	2,000
2 légions de gendarmerie	1,500
Gendarmerie mobile	600
Sous-officiers sédentaires, ouvriers d'artillerie, train des équipages, train des parcs, vétérans, fusiliers sédentaires, ensemble au moins	2,000
2 régimens de ligne qui ont été envoyés.	5,000
Total	58,100

Pourquoi cette armée de 58,100 hommes

agissant hostilement dans l'ouest? Pour réduire 1600 réfractaires !

Cette allégation fait vraiment pitié, et prouve toute la mauvaise foi des feuilles ministérielles.

Il est certain, et personne n'en doute, que l'esprit qui anime les Bretons et les Vendéens est entièrement contraire au gouvernement de Louis-Philippe, et favorable à la cause de la légitimité; les faits l'ont démontré, et le pouvoir, quoi qu'il prétende, l'a parfaitement senti en envoyant dans leurs provinces une armée imposante qui a été beaucoup plus occupée à répandre le sang français qu'à arrêter les réfractaires et les déserteurs, et à laquelle on a fait jouer un rôle odieux pour des militaires pleins d'honneur, celui de pratiquer des arrestations, des visites domiciliaires, des spoliations, tous actes ordinairement réservés aux agens de la police.

Les forces et les ressources de la Vendée sont considérables : on a vu dans les journaux libéraux (et sous ce rapport ils doivent être crus) qu'il existait des *bandes* (puisque telle est l'expression dont ils se servent) de douze et même de quinze mille hommes. Si l'organisation eût été complète et que toutes ces troupes, jointes aux Vendéens, eussent pu être réunies, le triomphe de la cause de Henri V eût été à jamais assuré.

Les masses n'ont aucune sympathie pour la révolution de juillet ; toutes la détestent, toutes la repoussent, et Louis-Philippe ne peut guère compter dans son parti que les fonctionnaires nommés par lui, que quelques amis, jacobins de 1793, en très petit nombre, et l'armée, dont toutefois la fidélité pourrait devenir chancelante, selon le cours et la nature des événemens. Nobles, bourgeois et paysans des provinces de l'ouest, tous sont d'un accord parfait et ne demandent qu'à verser jusqu'à la dernière goutte de leur sang, s'il est nécessaire, pour placer leur roi légitime sur le trône de ses pères.

Les nombreuses persécutions qu'on fait éprouver à ces malheureux, la mise en état de siége de leurs villes et de leurs villages, les arrestations qui se multiplient à l'infini, l'érection des conseils de guerre, les condamnations à mort, les exécutions, toutes ces mesures atroces et sanguinaires ne font qu'enflammer leur courage, et leur faire abhorrer davantage cette royauté citoyenne, *fondée*, dit-on, *sur le vœu général de la nation*, moins cependant celui des *royalistes-légitimistes*, des *républicains* et des *bonapartistes*, qui composent à eux seuls les quinze-seizièmes de la population, et moins encore le vœu de ces braves *Bretons* et *Vendéens*, qui certainement n'ont pas été consultés dans ce choix.

La présence de Madame dans ces provinces a porté l'amour et l'enthousiasme au plus haut degré : cette femme sublime, cette princesse dont la mémoire est maintenant immortelle, a donné les preuves les plus éclatantes d'héroïsme et de courage. Partageant la misère et les dangers des braves défenseurs du trône de son fils, on l'a vue, au milieu d'eux, étendre sur la terre humide son corps fatigué, et, couverte d'un manteau, chercher dans un sommeil réparateur quelques instans d'un repos nécessaire, puis ensuite se réveiller subitement, et, nouvelle Jeanne d'Arc, se trouver partout où sa présence pouvait être nécessaire, on l'a vue donner des ordres qui annonçaient, pour une femme, des connaissances si extraordinaires dans l'art de la guerre, que les généraux qui l'accompagnaient ne pouvaient s'empêcher d'en témoigner leur surprise et leur admiration; enfin, lorsqu'avec sa vaste intelligence et sa merveilleuse sagacité elle a jugé par elle-même qu'il fallait ajourner l'exécution de ses projets, on a pu remarquer avec quelle noble résignation, avec quelle touchante confiance en Dieu elle s'est soumise au sacrifice que lui imposaient et une sage prudence et ce besoin généreux qui était tout dans son cœur, d'épargner le sang des Français!

Vous riez, hommes du *milieu*, de ce que vous appelez la défaite de cette princesse; tremblez plutôt (cette action vous est facile et familière), oui, tremblez; MADAME *triomphera*, sa cause est à jamais gagnée, et la force des choses et la nécessité absolue, vont rappeler le royal enfant, l'intéressant orphelin, au trône de ses illustres ancêtres; il y serait déjà remonté si son auguste mère n'avait eu des motifs graves d'attendre une époque plus favorable à l'accomplissement de ses vastes desseins. C'est alors que sera écrasé, comme un reptile venimeux, s'il existe encore, cet infâme système, ce monstre horrible, que votre bassesse.......................... et la révolution de 1830 ont enfanté pour avilir la France!...

Les *républicains* ont proclamé dans leurs feuilles que les légitimistes, qu'ils appellent les *carlistes*, étaient protégés par le gouvernement : ils ont tiré cette habile et judicieuse conséquence de ce que Madame n'a pas été arrêtée.

Heureuse et spirituelle conception d'un parti, qui veut, à quelque prix que ce soit, faire de l'opposition!......

Et pour qui, leur demanderai-je, les échafauds des provinces de l'ouest ont-ils été dressés ?

A-t-on vu jusqu'ici tomber quelque tête *républicaine*, et la hache des bourreaux a-t-elle respecté celle des *légitimistes* ?

Les faits parlent, je n'ai pas besoin de citations.

A-t-on épargné les malheureuses victimes du souper de la rue des Prouvaires, ni aucun de ceux qui se sont trouvés impliqués dans quelque affaire ayant pour but le triomphe de la légitimité ?

Répondez, Messieurs les *républicains;* démentez-moi si vous l'osez.

Vous avez eu votre part des rigueurs, je l'avoue, et les événemens des 5 et 6 juin ont plongé dans les cachots une grande quantité des vôtres; mais enfin aucun n'a encore péri sous le glaive fatal, et nous, *légitimistes*, nous avons vu depuis 1830, et récemment, les échafauds tout fumans du sang de nos frères.

C'est donc véritablement contre nous, royalistes-légitimistes, que sont déployées cette haine, cette fureur, qui jusqu'ici vous ont épargnés, ou du moins ne vous ont pas arraché la vie.

Et vous conspirez la perte d'une malheureuse princesse que vous devriez admirer; vous provoquez contre elle des mesures de proscription !....

Cette conduite peu généreuse, digne des héros de 1793 que vous préconisez, nous reporte à des souvenirs trop pénibles. Nous avons horreur et du sang et de ceux qui le versent, et ce ne sera jamais que les armes à la main, ou contraints par l'impérieuse nécessité, et pour la bonne cause, qu'on nous le verra répandre.

Madame n'a pas été arrêtée, et le gouvernement aurait pu, dites-vous, vingt fois la saisir s'il l'eût voulu!.....

Détrompez-vous.

Louis-Philippe a pu être ou se dire *républicain* devant les barricades, mais il n'a jamais été *légitimiste*, et dans ce moment il n'est pas plus l'un que l'autre; il aurait, n'en doutez pas, sacrifié sa nièce à la conservation de sa couronne.

En voulez-vous la preuve?

M. de Montalivet, étant ministre de l'intérieur, avait promis 1,500,000 francs à celui ou à ceux qui arrêteraient la duchesse de Berri et la livreraient.

Quelques personnes prétendent qu'il s'agissait de la remettre en mains sûres et secrètement;

d'autres, qu'il fallait la livrer à la justice du lieu où elle serait prise.

Deux habitans de l'ouest (j'ignore de quel département, et s'ils sont Vendéens ou Bretons), instruits de la récompense offerte par M. de Montalivet, se rendirent à Paris, et allèrent trouver un ancien directeur-général de police, pour le prier de leur servir d'intermédiaire auprès du ministre, afin de lui présenter des propositions à ce sujet.

Ils affirmaient être en mesure de déterminer Madame la duchesse de Berri à quitter l'ouest, et en faisaient la proposition spéciale, refusant d'ailleurs les 1,500,000 francs promis; mais ils demandaient qu'en usant des moyens dont ils pouvaient disposer, on leur garantît la fin de toutes les poursuites actuelles, et que Madame de Berri ne serait point inquiétée, alors même que quelque hasard ou mettrait sur ses traces, ou la ferait découvrir.

Le lieutenant-général de police eut un rendez-vous de M. de Montalivet; mais ce ministre ayant, dans ces entrefaites, remis le portefeuille de l'intérieur, cette affaire souffrit un moment.

Le négociateur voulut bientôt la renouer avec M. Thiers. Il lui demanda un rendez-vous, qu'il obtint. A l'heure indiquée, M. Thiers le reçut, mais assez lestement, et le renvoya au lendemain. Le lendemain et les trois jours suivans, prétextant des occupations sérieuses, il refusa de le recevoir. Impatienté de cette conduite, ce lieutenant de police en a donné connaissance au Roi ; et au moment où j'écris (27 octobre), la réponse n'est point encore arrivée. Vous voyez maintenant, Messieurs les républicains, que si M. Thiers a mis peu d'empressement dans cette importante affaire, il n'en a pas été de même de M. de Montalivet, qui a fait plus que preuve de zèle, et que c'est à tort que vous lui reprochez cette indulgence, dont il n'est pas coupable, et que vous paraissez tant déplorer.

Madame a échappé à toutes les poursuites dont elle a été l'objet, par un miracle, par un bienfait de la Providence. Son courage, sa merveilleuse présence d'esprit, et le vif attachement que portent à sa royale personne les fidèles et zélés serviteurs qui l'entourent, l'ont soustraite aux dangers qui l'ont menacée ; Dieu l'a protégée de sa toute-puissance ; mais le *juste-milieu*, croyez-le bien, n'a été pour rien dans cette œuvre d'équité ; il a détaché après cette auguste princesse, au contraire, des limiers de toutes les espèces de police, espérant par ce moyen saisir plus promptement sa proie.

Ainsi, par exemple, les quatorze départemens de l'ouest, qui composent trois divisions militaires, savoir : la quatrième, commandée par le lieutenant-général Ornano ; la douzième par le lieutenant-général Drouet, comte d'Erlon, et la treizième par le lieutenant-général Bigarré (1),

(1) Il m'a paru utile de fixer l'opinion publique sur ces trois officiers généraux, que leur position semble destiner à jouer un rôle dans les affaires de l'Ouest.

Le général *comte* Ornano affecte de ne lire que les journaux de l'opposition.

Est-ce qu'il est républicain ? Non.

Il est légitimiste.

Preuve :

Le 29 juillet 1830, effrayé de la tournure que prenaient

ont, pour chaque division, une police militaire, qui est l'auxiliaire des polices du château et du ministère.

les événemens, il se hâta de monter en voiture pour se rendre à Saint-Cloud, afin d'offrir ses services à son roi légitime. S'étant présenté à la barrière de Passy, et ayant éprouvé un refus de la part de ceux qui gardaient ce poste, il alla à la barrière de Neuilly, où, insistant, il eut à craindre quelque danger.

Rentré chez lui, il s'occupait, avec quelques amis, des moyens de donner cours à son zèle pour son maître, lorsqu'on vint lui apprendre que Charles X se disposait à abdiquer et que tout était fini.

Après cette démarche, il semblait que son devoir fût de rester à l'écart. Cependant il a été un des premiers commandans divisionnaires choisis.

Il a été nommé parce que, cousin de Napoléon, et mari de Mme de Walewzka, à laquelle ce dernier portait un vif intérêt, on lui supposa les sentimens qui animaient, en général, les anciens serviteurs de Bonaparte.

Il a accepté, parce que la représentation et les honneurs sont fort de son goût.

Juste-milieu par nécessité, légitimiste au fond du cœur, les persécutions atroces qu'il exerce envers les Vendéens sont le prix convenu du commandement qui lui a été

Tous les agens de cette police militaire ont été mis en campagne sur les traces de Madame ; la

donné, et qui est tout pour lui. Les partis n'ont pas de plus cruels ennemis que les apostats.

Ces réflexions s'appliquent également au général *comte* Drouet d'Erlon. Ayant voulu, au mois de mars 1815, marcher sur Paris avec toutes les troupes qui occupaient le nord de la France pour enlever la famille royale, il avait été compris dans l'ordonnance du 24 juillet, et mis en jugement devant le conseil de guerre de la 11e division.

A l'époque de son sacre, le roi Charles X l'amnistia nominativement. Voici le texte de l'ordonnance :

« Charles, etc.

« Art. 1er. Amnistie est accordée aux condamnés dont
« les noms suivent : Guillaume de V. Audoncourt,
« Drouet d'Erlon, etc.

« Donné à Reims, le 29e jour du mois de l'an de grâce
« 1825, et de notre règne le 1er. »

Je ne dirai qu'un mot sur le général *Bigarré*. Le président du conseil l'aurait fait depuis long-temps remplacer pour cause d'incapacité ; mais ce général, qui ambitionne le commandement en chef des troupes de l'Ouest, donne tant de preuves du dévouement le plus aveugle et le plus absolu, que le maréchal Soult le conserve sans doute pour l'en récompenser, quoiqu'il le juge sévèrement et le déteste.

police du château, ou plutôt celle du roi-citoyen, a aussi été chargée, sous les ordres de son aide-de-camp M. le général comte de Rumigny, d'envoyer des espions pour découvrir la princesse; enfin jusqu'à la plus basse des polices, celle des voleurs, celle Gisquet, qui n'a pas voulu rester en arrière, et qui a fait assaut de zèle avec la haute-police et la police militaire, en expédiant dans l'ouest plusieurs de ses agens, au nombre desquels on remarque ce fameux Carlier, chef de la police centrale, et enfin le nommé Liotaud, qui a échangé l'habit honorable de garde-du-corps, contre la livrée honteuse d'officier-de-paix.

Le *milieu* a donc fait, humainement parlant, tout ce qui était en son pouvoir pour se saisir de Madame, et c'est à tort qu'on l'accuse d'*inertie* dans cette circonstance.

On voit avec peine que les passions réunissent les hommes les plus opposés en principes, lorsqu'il s'agit d'écraser un ennemi commun. Cette alliance toutefois ne se verra jamais entre les *royalistes-légitimistes* et les gens d'un autre parti; mais les hommes du *milieu* et les *républicains* ne sont pas doués d'une aussi délicate susceptibilité; ils se sont associés pour prodiguer à l'envi dans leurs journaux, les épithètes les plus injurieuses à ces braves Vendéens, à ces chouans si courageux et si fidèles; ils les appellent tantôt *brigands*, tantôt soldats de *broussailles* ou héros de *buissons;* ils qualifient leurs régimens de *bandes;* en un mot, ils les insultent avec un cynisme révoltant.

Ces grossières diatribes sont le type de la faiblesse de ces deux partis, et prouvent peu en faveur de leur générosité.

Il est toujours vil d'injurier son ennemi, et les *royalistes-légitimistes* n'ont jamais donné un pareil exemple.

Les Vendéens et les chouans sont dévoués à la légitimité, parce qu'ils ont la conviction profonde que sans le maintien de son principe, les peuples, sans cesse agités par la tourmente des révolutions et par les ambitions des prétendans au trône ou au pouvoir suprême, ne peuvent qu'être malheureux; ils défendent la religion, en même temps que le trône, parce qu'elle en est le soutien, qu'elle est nécessaire au bonheur des hommes, comme étant la base sur laquelle repose l'édifice social, et parce qu'ils l'aiment et qu'ils sont convaincus de ses vérités.

Ces soldats de *broussailles*, ces *brigands*, ces héros de *buissons*, ont fait leurs preuves de bravoure pendant les campagnes de 1793 à 1815 ; ils les ont renouvelées dans les derniers événemens ; et quoiqu'en nombre bien inférieur à celui des troupes réglées envoyées pour s'opposer à eux, ils se sont illustrés par des prodiges de valeur, qu'il y aurait une insigne mauvaise foi à vouloir méconnaître.

Je ne puis rapporter tous les faits d'armes qui viennent témoigner de leur intrépidité, parce que victorieux un instant, et sur quelques points, ils finissaient par succomber sous le poids de forces supérieures, et que les détails de ces combats, où ils déployèrent toujours ardeur et vaillance, laisseraient des impressions pénibles dans l'esprit de ceux auxquels je les offrirais.

Toutefois, je parlerai dans le chapitre suivant du siége du château de la Péniciòre, comme d'une des actions qui font le plus d'honneur au courage vraiment héroïque de ces braves.

Maintenant, gens du *milieu* et de la *république*, calomniez tant qu'il vous plaira ces hommes de cœur, ces soldats pleins de vertus et de dévouement; mais n'oubliez pas surtout que ces héros de *buissons*, furent les premiers à offrir, en 1815, de se réunir à l'armée de la Loire, afin de repousser l'ennemi hors du sol sacré de la patrie, et qu'ils auraient versé leur sang pour l'accomplissement de leur généreux projet.

CHAPITRE XIX.

Siége du château de la Pénicière.—Valeur et intrépidité des Vendéens. —Cinquante-trois hommes se défendent contre six cents soldats et un fort détachement de gardes nationaux.—Incendie du château. — Les Vendéens vainqueurs restent maîtres de la place, et les troupes sont forcées d'opérer leur retraite. — Cause des troubles de l'Ouest, attribuée au pouvoir.— Les républicains se servent du prétexte de ces troubles, pour méditer un mouvement opposé. — Persécutions mesures iniques et crimes commis dans la Vendée, par les ordres du pouvoir. — Illégalité de tous ces actes. Poursuites à diriger contre les autorités. — Invocation aux Vendéens.

Si mon but était de m'écarter de l'histoire, et de substituer des opinions diverses à des faits précis, je pourrais envisager le combat de la Pénicière sous plusieurs faces; mais à part tout esprit de parti, toute espèce de sentiment sur la guerre civile, il est vrai de dire que la défense de ce château fera une des plus fortes pages de l'histoire de nos dissensions intestines. C'est, sans aucun doute, le fait d'armes le plus remarquable qui ait eu lieu depuis la révolution de 1830. Ce vieux château, qui n'est plus qu'une ferme, a été défendu pendant une journée entière par cinquante-trois hommes, dont quelques-uns, peut-être le plus grand nombre, n'avaient jamais affronté le péril des combats, contre six cents hommes de troupe de ligne et un fort détachement de gardes nationaux. Il faut le dire, le courage de la troupe de ligne était grand, sa valeur même dégénérait en fureur. Ceux alors qui n'avaient plus d'espoir que dans leur bravoure résolurent de vendre chèrement leur vie. Cinquante militaires reçoivent l'ordre de marcher en avant; ils le font avec intrépidité. Une décharge de cinquante-deux espingoles ne laisse pas un de ces braves sur pied. Les gardes nationaux, effrayés, se retirent, et se bornent à faire des patrouilles à une distance respectueuse du château; la ligne est abandonnée à elle-même. Les soldats français, sous quelque étendard qu'ils combattent, sont toujours intrépides; la mort de leurs camarades ne fait que les enflammer de nouveau : ils approchent du château : des brèches sont pratiquées de toutes parts ; cinq sapeurs enfoncent une porte et pénètrent dans l'intérieur ; le feu est mis aux appartemens ; les assiégés disputent le terrain pied à pied, étage par étage ; mais l'incendie, contre lequel le courage le plus intrépide ne peut rien, les oblige à se retirer dans une des ailes du château. Des barricades improvisées les mettent à l'abri des coups des assaillans ; des bascules artistement combinées précipitent un grand nombre de soldats dans le foyer de l'incendie. Ici, c'est un jeune homme posté derrière une barricade au haut d'un escalier, qui tue quatre sapeurs d'un coup d'espingole, et qui pare avec un espadon le coup de hache que lui porte le cinquième, dans la bouche duquel il enfonce le tronçon de son espadon brisé par la hache ; là, c'est un autre jeune homme, ancien militaire, qui, frappé d'une balle dans la poitrine, reçoit la mort peut-être de la main d'un camarade....... Funeste effet des révolutions !... Partout ce sont des traits de courage et de sang-froid. Cependant l'incendie dévore le château ; nul doute que tous les assiégés vont périr dans les flammes, et que le feu va finir ce que le courage a commencé. Le signal de la retraite est donné; les assaillans se retirent. Ils ont pu se compter, et ils ont dû être effrayés de leur perte! Le bruit court que quatorze charrettes auraient été mises en réquisition dans le voisinage pour enlever les morts. Des fouilles récemment faites par les ordres de l'autorité supérieure, parmi les décombres du château incendié, ont conduit à la découverte d'environ cinquante cadavres. On ne s'est pas empressé de faire savoir à quel parti ils appartiennent. Tout doute sera levé quand on saura que les assiégés n'ont perdu que cinq hommes selon les uns, et sept hommes, selon d'autres. Il n'est aucun de ceux qui restent qui n'ait été blessé; ils n'ont échappé à l'incendie qu'en se retirant à l'extrémité d'une aile du vieux château, où la chaleur était étouffante, et d'où cependant ils n'ont pu sortir que lorsque les assiégeans eurent abandonné la partie. La musique militaire dont on a parlé se bornait au son d'un cor-de-chasse. La caisse trouvée au château se composait de huit cents francs, fruit des épargnes du fermier de La Pénicière.

Voici des détails qui parlent plus haut que les lâches calomnies du *milieu* et de la *république*, et qui sont de nature à pénétrer d'admiration, pour une défense aussi héroïque, les hommes de bonne foi, justes appréciateurs du courage et de la bravoure, dans quelques rangs qu'on les rencontre.

Il n'y a rien d'assez précis ni d'assez net dans ce qu'on rapporte des troubles de la Vendée pour qu'on puisse, quant à présent, asseoir logiquement une opinion politique sur les communications ordinairement incomplètes du pouvoir, sur les assertions si habituellement mensongères de la révolution. Jusqu'ici il faut donc considérer les commotions de l'ouest comme étant de la même famille que toutes les perturbations qui se succèdent depuis plus de deux ans sur tous les points de la France. Un principe d'anarchie dans les régions gouvernementales, un sentiment universel de malaise et de mécontentement chez les gouvernés, voilà les deux causes du mal; tout le reste n'est que symptôme. Par son origine et son système, l'ordre de choses actuel couve les troubles : il n'y a donc pas lieu de s'étonner, quand ils viennent à éclore. Que ce soit à Lyon, à Grenoble ou en Vendée, la généralité de la cause se retrouve dans la généralité de l'effet.

Mais, laissant de côté le caractère de l'événement qui est mal, comme je m'en servirai pour présenter des observations politiques sur la position de guerre que le parti de la république s'est empressé de prendre à la première nouvelle du mouvement de l'ouest, empressement d'autant plus remarquable que la portée de ce mouvement n'étant connue de personne, il semble qu'il ait servi plutôt de prétexte que de cause à cette levée de boucliers révolutionnaire.

A la sollicitude toute particulière avec laquelle les organes de cette opinion énumèrent les troubles de la Vendée, et peut-être les exagèrent, on voit bien qu'ils ont besoin de ce point de départ pour imprimer un mouvement tout opposé. Si je joins mes renseignemens particuliers à ces déductions logiques, il en résulterait aussi qu'il a été pensé qu'un coup royaliste frappé dans l'ouest pouvait donner matière ailleurs à un contre-coup révolutionnaire. Telle est, en effet, la faiblesse du système actuel que tous les partis sont d'accord pour proclamer sa succession ouverte, et que tous n'attendent plus qu'un signal pour mettre la main sur son héritage.

Mais, lorsque le parti de la république entre en ligne, ce n'est plus seulement d'une affaire d'opinion qu'il s'agit. Si donc, pour mettre les choses à l'extrême, les hommes de la révolution se servaient de la Vendée comme d'un prétexte pour achever de jeter à bas l'édifice chancelant du *milieu*, et s'ils voulaient siéger à sa place, ce serait à la propriété de veiller sur elle et de prendre sa détermination, car, je le dis franchement, elle seule serait attaquée. On peut honorer le caractère individuel et l'esprit élevé de quelques théoriciens de la révolution, et croire qu'ils répugneraient à faire le mal; mais ils n'auraient pas le choix des moyens. L'élément révolutionnaire dont ils sont obligés de se servir dominerait leur bonne volonté, ainsi qu'on a été à même de le remarquer dans la révolution de 93 et dans les journées des 5 et 6 juin; le levier emporte le moteur. Une fois les choses commencées, le pouvoir des théoriciens cesse; il faut que les hommes du cabinet suivent les hommes des rues, et que la dictature descende dans la boue. Dans l'hypothèse d'une pareille guerre, les nuances d'opinions doivent donc s'effacer : il n'y a plus que deux camps, celui des hommes qui possèdent et qui ne veulent pas être dépossédés, et celui des ennemis de la propriété. Le parti le meilleur, c'est celui qui donne des garanties à tous les intérêts et n'en menace aucun. Ces considérations peuvent avoir de l'à-propos : il est utile de les présenter dans les circonstances actuelles, pour éclairer la société sur ses chances de péril et ses moyens de salut. Il faut bien se convaincre que jamais les partis ne changent de politique et de moralité, parce que leur politique et leur moralité résultent des conditions mêmes de leur existence. Or, il est aussi naturel à la révolution de procéder par le désordre et la violation du droit de propriété, qu'il est naturel aux royalistes de protéger la propriété et de faire fleurir l'ordre. Dès qu'il n'y aura plus de *milieu* entre les deux principes, le souvenir de cet axiôme devra être présent à l'esprit de tous les propriétaires de France. Alors il s'agira pour eux de sacrifier leur existence elle-même à un préjugé politique, ou de mettre de côté ce préjugé pour se rapprocher de ceux qui, loin de menacer leur existence, la garantissent. Le péril pour la propriété, ce n'est point de l'ouest qu'il peut venir; ceux qui exagèrent à dessein les troubles de ces contrées le savent aussi bien que personne. Mais dès que les chefs révolutionnaires mettent la main sur ce levier qui déjà une fois a bouleversé les bases de la propriété en France, alors tout tremble, tout menace ruine, parce que les emprunts forcés, le maximum, la banqueroute, sont le pain de la révolution; parce que, pour elle, spolier c'est vivre. Et cela s'explique naturellement : elle est toujours à la tête d'ambitions qui veulent devenir des intérêts contre des intérêts établis ; elle appelle à une croisade ceux qui ne possèdent pas contre ceux qui possèdent. Une révolution n'est, à tout prendre, qu'un déplacement de la propriété; elle est cela ou elle n'est rien.

Quant à l'ordre de choses *actuel*, lui-même chancelant sur une base équivoque et battu dans tous les sens par tant d'attaques contraires, si, pour mettre l'hypothèse au pis, le cours des événemens et la violence de la révolution le plaçaient dans une situation telle qu'il n'eût plus que le choix de sa chute, il aurait à suivre le conseil de cet instinct de conservation personnelle qui, au milieu de la perte des gouvernemens, sauve les individus. Le jour où cette nécessité viendra à naître pour lui, il devra se demander de quel côté sont les dangers les plus menaçans, les haines les plus dangereuses. Si c'est dans ce mouvement royaliste que la révolution signale, ou dans ce mouvement contraire, qu'elle médite dans sa pensée, qu'elle prépare par ses paroles, cherchant à l'ouest ce point d'appui qui lui manquait pour remuer la France révolutionnaire ? Il cherchera dans l'histoire si l'on a vu quelquefois le principe de la révolution épargner les personnes et ménager les choses ; s'il n'a pas toujours été implacable envers les unes, toujours avide et insatiable quand il s'est agi des autres. Et lorsqu'il aura vu à côté du parti politique dont l'essence est de conserver les choses et de respecter les personnes, il aura à faire son choix.

Telles sont les considérations politiques qui ressortent de la position hostile et tranchée prise par la révolution à la première nouvelle des événemens de l'ouest. Que ces événemens aient ou n'aient pas de portée, il était nécessaire de signaler l'attitude du parti de la révolution, afin qu'on ne fit pas prendre le change au public sur les vrais dangers de la France, afin que tout le monde vît clair dans ses affaires, le pouvoir comme la propriété ; afin que, si les événemens se compliquaient, le premier sût où trouver la protection des personnes et la conservation des choses ; afin que la propriété pût confier ses

Thermopyles, non pas au parti qui les livrerait, mais au parti qui mourrait pour les défendre.

Ce que les vrais amis du pays ne peuvent trop se hâter de déplorer et de condamner, ce sont les torts et les fautes du pouvoir, qui ont amené les choses à une telle extrémité que le sang français coule maintenant sous des mains françaises, car c'est un axiôme en politique que, lorsque les opinions en viennent à des collisions armées, la cause en est toujours dans le gouvernement qui n'a su être ni assez fort ni assez conciliant pour prévenir ce malheur. Alors de tels désastres accusent bien hautement son imprévoyance et sa maladresse; ils prouvent qu'il ne lui a été donné ni de gouverner les esprits ni de satisfaire les intérêts, car les opinions, quelles que puissent être leur puissance et leur vivacité, n'en viennent à de pareilles manifestations que contre des gens qui se sont manqué à eux-mêmes et qui ont bien cruellement déçu les besoins moraux et matériels du pays tout entier.

Cependant ce sont ces mêmes hommes du pouvoir qui ont fait la révolution, et qui péroraient avant sur les bancs de l'opposition, prétendaient accuser de maladresse et d'impéritie les ministres de la restauration.

Ont-ils justifié cette supériorité de talent et de patriotisme que leur sotte vanité et leur jactance promettaient au pays?

A l'intérieur, des troubles éclatent de tout côté ; la misère écrase le peuple, les mesures arbitraires et d'exception sont en pleine vigueur sur tous les points, et le sang français coule par la main des Français!....

A l'extérieur, la nation est avilie et méprisée, et à tout moment exposée à la guerre ; et avant cette fatale révolution, fruit des ambitions et des combinaisons perverses de quelques misérables, respectée à l'étranger, riche et florissante au-dedans, la France goûtait les douceurs ineffables d'une paix solide et durable, et pendant quinze années elle n'a vu éclater dans son sein aucun trouble, aucun désordre.

Lequel des deux ministères était donc le plus habile et a le mieux rempli son mandat? La solution de cette question est simple et facile, et se formule dans les faits.

Mais il y avait encore loin du mécontentement à une prise d'armes; ce sont donc les fautes des hommes du pouvoir qui ont fait faire à la situation ce triste progrès. Le premier devoir d'un gouvernement placé à la tête d'un pays divisé entre des opinions opposées, c'était d'agir de telle sorte que les sentimens et les intérêts généraux communs à toutes fussent satisfaits; alors il n'y aurait pas eu de guerre civile possible. Du moment qu'elle existe, elle accuse ceux dont la mission était de l'empêcher.

Puisqu'il était dans la destinée des hommes du système actuel d'ajouter ce nouveau malheur aux calamités qui pèsent sur le pays; puisque le *milieu* était condamné à enrichir sa déplorable histoire d'un chapitre de guerre civile, au moins devrait-il borner là le cours de ses fautes et se montrer plus noble et plus politique dans le choix des moyens destinés à réprimer, qu'il ne l'a été dans ceux employés à prévenir. C'est un assez grand malheur en effet, un sujet de douleur assez vif pour quiconque porte un cœur français, un sujet de reproche assez cuisant pour le pouvoir, que l'événement d'une guerre civile en France, pour qu'on n'aille point encore augmenter le mal par le remède, et assumer ainsi sur sa tête une nouvelle responsabilité. Est-ce donc avec un système misérable de persécutions mesquines, calqué sur le texte des circulaires ministérielles, qu'on peut espérer de rétablir la tranquillité dans l'ouest? Est-ce en voulant placer les habitans de ces malheureuses contrées sous un régime d'arbitraire et dans un état d'ilotisme qu'on fera cesser cette situation violente dans laquelle on les a poussés, en mettant au désespoir les opinions et les intérêts? Les Vendéens ont eu affaire, depuis quarante ans, à bien des adversaires, et de nobles adversaires quelquefois. Or, ceux-là ne comprenaient point ainsi la guerre de la Vendée; ils ne croyaient point qu'il fallût la transformer en une guerre de police. Ils étaient pourtant des hommes de cœur et de talent les généraux Hoche, Bonaparte et Lamarque, envers lesquels, abstraction faite de toute opinion politique, je serai juste comme l'histoire. Eh bien! lorsqu'ils eurent à faire la guerre à la Vendée, tous trois la conçurent d'une manière large et généreuse, tous trois crurent que pour vaincre les Vendéens, il fallait commencer par s'en faire estimer. C'est là le secret que le pouvoir devait chercher ; mais à en croire toutes les apparences, il ne pourrait pas y parvenir.

À ce sytème de persécutions mesquines, joignez ces honteuses provocations qui retentissent dans quelques feuilles à la solde du pouvoir. À leur gré, la guerre civile n'est donc point assez horrible encore ; au lieu de l'adoucir par tous les moyens praticables, il faut l'ensanglanter par des excès que le droit des gens réprouve même dans la guerre étrangère, et c'est à peine si on s'abstient de faire l'éloge d'une odieuse inhumanité qui, en suscitant de cruelles représailles, multiplierait les victimes de ces luttes fraternelles, et agrandirait la plaie que la guerre civile fait à la patrie.

Comment qualifier le mot de *sans-quartier*,

quand des deux côtés ce sont des Français qui combattent et qui tombent? Cri inhumain, cri de mauvais augure que celui-là, car la modération est un des attributs de la puissance. La force va à son but d'un pas sûr, mais elle ne le dépasse pas.

Quant à ceux qui sont assez peu Français pour tenir un pareil langage, assez peu de leur siècle pour provoquer des cruautés que la raison avancée des temps modernes condamne, assez peu connaisseurs des lois de l'honneur et du courage pour ne point savoir que lorsque les épées se sont croisées, il faut couper court aux invectives et qu'on ne s'insulte pas sous les armes, je les plaindrai sincèrement, car ce sont là les excès de la faiblesse et les violences de la peur. Mais j'ajouterai que pour les royalistes-légitimistes, une pareille politique n'entrera jamais ni dans leur cœur, ni dans leur tête. Il n'est point en eux de méconnaître ce qu'on se doit entre concitoyens, malgré les antipathies des opinions et l'opposition des principes; et, quoiqu'il arrive, dans quelque situation que le cours des événemens les place, ils parleront et agiront toujours de telle sorte qu'on verra que, lorsque des compatriotes se sont trouvés les armes à la main en face les uns des autres, ils prouveront que s'il y a quelque chose qu'il faille oublier, ce n'est point qu'on est Français, mais bien qu'on a été ennemis.

Sous le despotisme bâtard du système actuel, les coups de l'arbitraire tombent si multipliés et si pressés, que souvent on ne sait par où commencer l'inventaire de ces tristes richesses, que lui font les fautes du pouvoir. Mais il y a eu, en France, un pays favorisé entre tous, on peut le dire, dans ces largesses de persécutions et de rigueurs. C'est sur la Vendée que le *milieu* essaie l'ignoble despotisme qu'il voudrait étendre au royaume tout entier. La plus grande et la plus héroïque de nos provinces méritait bien un privilége de la part d'un cabinet antipathique à tout héroïsme et à toute grandeur : à ce titre la Vendée était digne d'obtenir les prémices de la tyrannie du *milieu*; mais cette tyrannie commence à dépasser toutes les bornes et de l'injustice et de la patience. On a laissé en silence s'accumuler les exactions, pour que la responsabilité fût acquise au pouvoir central et ne pût être rejetée sur les pouvoirs locaux. J'élèverai la voix aujourd'hui avec d'autant plus de force que la longanimité du parti auquel je m'honore d'appartenir a été plus grande; nous demanderons ensemble à la France, justice pour la noble Vendée, justice pour elle-même, car le pays entier est menacé, frappé dans une de ses provinces.

S'il y a au monde une intervention de la tyrannie universellement flétrie et condamnée, s'il y a une persécution déclarée injuste et infâme par tous les partis, et qui marque au front d'un sceau de honte les gouvernemens qui l'emploient, c'est l'établissement des garnisaires. Les ministres n'en ont parlé qu'avec indignation et avec mépris. Dans la dernière session, il faisait beau voir la généreuse colère de M. C. Périer, flétrissant avec énergie l'*odieuse iniquité de cette funeste mesure*. Il faisait beau entendre M. Barthe, *le carbonaro*, cet acteur de la comé die de *quinze ans*; ainsi qu'il l'a lui-même déclaré, priant, avec sa voix accentuée, qu'on n'avilît jamais notre Code jusqu'au point de recevoir, à titre de loi, un affreux et *illégal* expédient qui appartenait au régime des *tortures*. L'assemblée de 1830 elle-même s'émouvait à ces paroles, et accueillait avec de sympathiques applaudissemens cette définition si sévère et si juste de l'institution jacobine des garnisaires.

Eh bien! sous l'empire de la même légalité, le système de M. Périer étant, dit-on, continué par son successeur et ses collègues, M. Barthe conservant les sceaux et administrant la justice, les départemens de l'ouest sont, d'un bout à l'autre, écrasés par cette inique mesure, que la conscience peu susceptible du *milieu* sentait pourtant, quelques mois avant, le besoin de désavouer et de flétrir. Les beaux jours de la terreur sont revenus pour la Vendée; M. Drouet-d'Erlon, piqué d'émulation sans doute pour les célébrités révolutionnaires de 1793, emploie sur tous les points cette *torture*, dont le nom seul mettait la rougeur sur le front candide de

M. Barthe. Les parens dont les fils n'ont pas rejoint les drapeaux, ceux qui ont quelques membres de leur famille compromis par les dénonciations de la police, reçoivent garnison. Le despotisme du sabre leur impose une haute-paie à délivrer aux soldats qu'on leur envoie ; on les traite en pays conquis ; les charges et les avanies d'une occupation militaire pèsent sur eux. Et ce ne sont pas là de vaines phrases, ce sont des faits renouvelés en cent lieux divers, des faits dont les preuves existent, des faits à l'appui desquels on peut fournir, comme pièces probantes, les ordres du jour, les lettres de jussion ; et la Vendée toute entière est courbée sous ce régime d'exaction et de pillage!..... Certes, ce n'est pas sans un sentiment de honte qu'un bon Français se voit contraint, au dix-neuvième siècle, dans le chef-lieu de la civilisation européenne, de recourir à une démonstration rigoureuse pour établir l'illégalité de l'institution des garnisaires ; mais, puisqu'il est dans la destinée de la révolution de juillet de nous faire reculer jusque-là, il faut bien accepter la mission qu'elle nous impose, et faire toucher au doigt tous les vices de ce monstrueux arbitraire.

C'est un axiôme fondamental en jurisprudence, qu'en fait de rigueurs et de pénalités tout ce que la loi ne permet pas est défendu. En outre, le principe qui est l'âme de nos codes modernes, c'est l'individualisme de la peine comme du délit, c'est la concentration de la responsabilité sur la tête du délinquant, c'est l'irresponsabilité de tout ce qui l'entoure. Cela est, et cela devait être, dans notre temps plus que dans tout autre, parce que notre droit moderne, qui a relâché tous les liens de famille, affaibli les droits de l'autorité, dénoué les devoirs de la sujétion, ne peut rendre la famille solidaire après l'avoir, pour ainsi dire, licenciée.

Sous le droit romain, un père qui avait la main sur son fils, comme sur sa chose (*res sua*), pouvait et devait répondre de lui à la société. Sous le droit français, un père ne peut ni ne doit répondre pour son fils à une société qui ne lui a pas donné de pouvoirs, et qui, par conséquent, ne saurait lui imposer d'obligations.

Oui, notre code a été rationnel en individualisant partout la responsabilité du délit; c'est de la stricte justice qu'il a fait en n'autorisant nulle part ni les particuliers, ni l'autorité, à se prévaloir des liens de la famille pour poursuivre la réparation sur les têtes voisines de la tête prévenue; ainsi, l'institution des garnisaires est une violation flagrante de notre droit public et du principe de la civilisation moderne.

En contradiction avec l'esprit général de nos lois, cette iniquité révolutionnaire en blesse encore les dispositions formelles et précises. La charte dit *que tout impôt qui n'a point été consenti par les Chambres est illégalement perçu;* or, comment concilier avec cet article de la charte cette haute-paie extorquée par la violence militaire aux propriétaires vendéens chez qui l'on établit garnison? La royauté a inscrit au frontispice de la charte de 1814 cet autre axiôme: *La confiscation est abolie* : or, comment concilier avec ce principe fondamental, les déportemens des garnisaires qui, sous les yeux de l'autorité, vendent à vil prix les bestiaux, la charrue, le lit du malheureux paysan de l'ouest?

Il faut appeler les choses par leur nom ; ce qui se passe en Vendée ne mérite pas même la qualification de despotisme : un pillage infâme, une honteuse rapine, tranchons le mot, le vol organisé en grand, voilà les moyens politiques du système actuel.

Et qu'on ne dise point que l'illégalité de la mise en état de siége justifie toutes les illégalités. La charte proclame que jamais une ordonnance ne peut suspendre les lois. La mise en état de siége ne pourrait donc, en tout cas, que déplacer les moyens d'action et non les changer, que transmettre le dépôt des lois en d'autres mains, et jamais autoriser la violation de ces lois, solennellement acceptées et jurées par le gouvernement qui doit les subir, et qui *trompettait* avec tant d'assurance, dans les journées de juillet, que la charte serait désormais *une vérité*. Ainsi, loin d'avoir le moindre caractère de légalité, le despotisme militaire du *milieu* dans l'ouest, n'en a pas même l'ombre ; il est en dehors de la charte, en dehors du code, comme en dehors de la civilisation et de l'humanité.

Il est temps de se demander quel est le noble but qui excuse toutes ces énormités illégales, tous ces monstres d'arbitraire. Il faut bien dire à la France et au monde dans quelle intention morale la charte est mise en lambeaux, toutes les règles de justice sont violées. Écoutez, c'est l'autorité qui parle, et ce langage retentit à la porte de chaque chaumière :

« Tu as un fils réfractaire ou prévenu ; livre-le,
« sinon ta maison sera mise au pillage, ta char-
« rue à l'encan. Si tu ne veux pas être men-
« diant, fais-toi bourreau. Vendéen, le rôle de
« pourvoyeur des échafauds révolutionnaires te
« va-t-il ? A ce prix l'on épargnera la misère à
« ta vieillesse ; sinon il nous faut ton dernier écu
« ou ton dernier enfant. »

Et c'est l'autorité gouvernementale qui, dans les mains des ministres actuels, se fait ainsi la corruptrice de la morale publique ! C'est l'autorité gouvernementale qui impose une infamie sous peine d'un châtiment ! c'est l'autorité gouvernementale qui, confondant toutes les notions du juste et de l'injuste, n'absout les pères qu'à condition qu'ils seront criminels, et veut leur teindre une robe d'innocence dans le sang de leurs enfans! Il pourra y avoir des martyrs, jamais il n'y aura de traîtres ni de lâches sur le noble sol de la Vendée. Le *milieu* y sème en vain la délation et l'infamie; dans la patrie de Cathelineau et de La Rochejacquelin cette semence-là est inféconde; elle ne rapportera point de moisson. Mais l'homme qui porte un cœur français pourra-t-il entendre, sans indignation et sympathie, le long gémissement qui s'exhale de ces malheureuses provinces de l'ouest, qui, accablées, haletantes, sous le poids d'une intolérable tyrannie, demandent si la Vendée a cessé d'être française, ou bien si la France a cessé d'être le pays de l'honneur, le pays où il y a de l'estime pour l'héroïsme, de la gloire pour le courage, de la honte pour la trahison? Que le pouvoir réponde enfin, et qu'il nous dise encore si la France lui a donné des soldats pour les flétrir d'une pareille complicité; qu'il nous dise si l'uniforme français est fait pour ces éclaboussures de police, remplaçant les insignes de la gloire ; qu'il nous dise ce que devient la discipline, ce nerf des armées, au milieu de pareils débordemens, ce que deviennent la probité et l'honneur militaire, ce patrimoine des soldats français, ce que devient leur patriotisme quand c'est le sein de la patrie qu'on leur donne à déchirer.

Cela est injuste, cela est illégal, cela est contraire aux lois divines et humaines, cela n'est pas français ; mais, de plus, cela est impolitique. Il faut que le *milieu* sache que personne ne s'y trompe ; il a beau protester contre son principe pour se faire supporter, c'est de la révolution pure qu'il fait en Vendée ; tout le monde le voit, tout le monde le dit. Si sa politique l'éloigne de son principe, la peur l'y ramène ; il est juste-milieu par calcul, révolutionnaire par peur ; c'est-à-dire que la passion la plus basse de l'humanité l'entraîne aux mêmes excès où les hommes de 93 marchaient au moins la tête levée, c'est-à-dire qu'il fait par pusillanimité le mal que ses devanciers faisaient par énergie ;

c'est-à-dire qu'au lieu de marcher d'un pas ferme à la terreur, il la cotoie, et dès qu'il tremble il s'y réfugie, il se cache dans le despotisme, il se tapit dans la tyrannie.

Tous les inconvéniens de la faiblesse avec tous les excès de la violence, c'est plus qu'un pays ne peut en supporter. Que les gens du pouvoir fassent leur choix, je les en adjure au nom de la Vendée, au nom de la France, et, s'il le faut, au nom de leur intérêt personnel. Il n'y a ni sûreté ni honneur à jouer ce jeu mixte qui mêle tout, confond tout, menace tout. La pire espèce des jacobins, celle qui est la plus violente, la plus dangereuse au pays et à elle-même, c'est celle des jacobins du juste-milieu.

Mais il est un autre point de vue sous lequel on doit envisager les excès qui sont la suite des mesures infâmes ordonnées par le juste-milieu; jamais le crime, quand il est une conséquence directe d'une mesure administrative, ne peut tirer son impunité de la faculté de cette mesure même. Si des pillages, par la voie des garnisaires, des concussions, des exils, des assassinats, des viols, des spoliations, ont eu lieu dans la Vendée, comme conséquence de l'état de siége ; si, connus des autorités supérieures, ils n'ont point été réprimés, si même des instructions à cette fin n'ont point été données, si les ministres ont toléré ces brigandages, les autorités supérieures, les ministres eux-mêmes doivent être poursuivis d'après le droit pénal ordinaire, et dénoncés au pouvoir judiciaire comme auteurs ou complices de ces attentats. Que les victimes ne s'inquiètent point de la suite qui sera donnée à leurs plaintes juridiques ; il suffit que cette marche soit autorisée par les lois ; qu'une autorisation du conseil-d'état ne soit plus requise pour les délits communs qui accompagnent, non l'exercice de fonctions légitimes, mais des excès de pouvoir complètement étrangers à ces fonctions ; il suffit, dis-je, que, dans aucune société civilisée, il ne pourrait être toléré que des agens du pouvoir usurpassent une autorité qui ne leur appartient point, et commissent ou laissassent commettre des attentats contre les personnes ou les propriétés à la faveur de cette autorité usurpée, pour que les victimes sachent bien que s'il n'est pas donné suite à ces plaintes, ce sont autant de monumens qui resteront pour fonder, tôt ou tard, une action légale en réparation pénale et civile ; qu'elles soient bien convaincues qu'au dix-neuvième siècle, à une époque de lumières et de civilisation, où l'amour de l'ordre et des lois a pénétré dans tous les esprits, une contrée entière ne peut être impunément mise hors la loi; qu'un châtiment éclatant sera inévitablement infligé aux auteurs de ces crimes publics et particuliers, et qu'il ne tombera pas un seul cheveu de la tête d'un Vendéen désarmé, dont la peine ne soit payée un jour, quel que soit le pouvoir qui gouverne la France.

Le temps est passé où les exécutions se faisaient en masse et sans jugement préalable, où la vengeance remplaçait la justice, et la politique des bourreaux la puissance légitime des lois; le temps est passé où l'on pouvait impunément improviser des condamnations pour *les cas résultant du procès*, sans spécifications de faits physiques et précis, constituant un complot ou un attentat ; où l'on agrandissait ainsi, sans mesure, le cercle des délits politiques et des persécutions. Les excès de ce genre prennent forcément aujourd'hui le caractère du crime et non la couleur des passions politiques, et ils sont flétris comme tels par l'indignation nationale.

Courage donc, infortunés Vendéens; déployez, pour invoquer la puissance des lois, autant d'énergie que vous montrâtes naguère et tout récemment encore, d'héroïsme, lorsque, obéissant à d'impérieuses convictions, vous combattîtes pour vos rois et pour votre religion. Les lois font partie de vos mœurs et de votre vertu, et vous ne pourriez désespérer de leur puissance, sans vous rendre complices de la démoralisation de vos oppresseurs. Songez que le crime le plus abominable qui puisse les vouer à l'exécration nationale, et les attacher au carcan de l'opinion publique, c'est la corruption des soldats appliqués à des actes indignes d'eux, et la corruption des masses qui deviennent leurs victimes.

Vos protestations solennelles répétées feront écho d'un bout de la France à l'autre, et dans tous les pays, sans exception de parti; et vous trouverez des sympathies pour vous consoler et vous venger !.....

CHAPITRE XX.

Le *juste-milieu* est engagé dans la route de l'arbitraire. L'arrestation de MM. de Châteaubriand, Hyde de Neuville, Fitz-James, duc de Bellune et Berryer, est délibérée en conseil des ministres. — Funestes conséquences de ce faux pas. — MM. de Floirac, de Mestre, de Rivière, Laurent de Saint-Julien, de Conny, de Kergorlay, Charbonnier de la Guesnerie et de Verneuil, victimes du juste-milieu. — Indigne qualification donnée à MADAME par les *républicains*. — Ils l'appellent la *veuve Berri*. Réfutation de leurs calomnies. — Réquisitoire du procureur-général près la cour royale d'Aix contre MADAME. — Réflexions sur ce réquisitoire. — La preuve de la légitimité du duc de Bordeaux est acquise par les actions héroïques de sa mère. — Espoir des royalistes de voir bientôt Henri V assis sur le trône de ses pères.

Une fois engagé sur la pente glissante de l'arbitraire, le *milieu* cède à l'impulsion qui lui est imprimée. En vain ses amis de l'autre côté du détroit lui signalent-ils, par l'organe du journal de lord Grey, les dangers d'un *faux pas* ; en vain ajoutent-ils que *deux* ou *trois actes* du même genre auraient les plus funestes conséquences, le *milieu* passe outre. N'est-ce pas aussi une grande erreur de la presse anglaise de croire que les hommes du 7 juin et ceux du 13 mars peuvent apprécier les résultats des mesures qu'ils adoptent? Au moment où on avertit le ministère du péril dans lequel il se jette lui et son système, que fait-il? Un faux pas de plus.

Certes, si politiquement parlant, le milieu devait se montrer sobre de persécutions, c'est envers les hommes qu'il a compris dans sa *stricte justice*. Et qu'on ne pense pas que la nouvelle mesure que j'ai à flétrir soit l'œuvre de la police, car il serait facile de prouver qu'elle a été prise en conseil des ministres. Cela ne paraîtra pas surprenant pour peu qu'on jette les yeux sur les noms des illustres prévenus. Le cabinet du Palais-Royal aurait décidé à la presqu'unanimité, l'arrestation de MM. de Châteaubriand, de Fitz-James, Hyde de Neuville, le duc de Bellune, Berryer et autres. Ne fallait-il pas qu'après avoir blessé le barreau par la violation de toutes les règles judiciaires; le corps des médecins par une ordonnance qui assignait à ses membres l'office de délateurs, le milieu vint encore heurter toutes les nuances d'opinions? On dirait vraiment qu'il y a ici un choix fait de gaieté de cœur, et qu'on a placé M. Hyde de Neuville à côté de MM. de Châteaubriand, de Fitz-James et Berryer, pour exciter le mécontentement, même parmi les hommes qui ont adhéré au ministère Martignac. On n'a pas reculé devant l'idée de frapper deux grandes gloires nationales, et les hommes de juin ont cru pouvoir faire bon marché du génie et du noble caractère de M. de Châteaubriand, et des vieux lauriers et de la renommée militaire du duc de Bellune. Devait-on épargner l'armée dans un de ses plus nobles chefs, plus que le monde littéraire dans sa plus belle illustration ?

Ce qui résulte de la mesure que vient d'exécuter le milieu, c'est que son arbitraire est maintenant marqué d'un sceau ineffaçable, et qu'il porte une enseigne que tout le monde peut reconnaître.

Oui, je veux bien faire cette concession au milieu, ces Messieurs ont conspiré; mais ils ont conspiré ainsi que conspire la plus grande partie de la France : ils ont conspiré par leur éloignement de toute participation aux affaires ;

par leurs discours prononcés à la face de tous. Est-ce leur faute à eux, s'ils éprouvent, plus et plus vivement que d'autres, tous les sentimens que font naître dans les cœurs français l'abaissement et la misère du pays ? Est-ce leur faute, s'ils ne trouvent que des paroles de mépris et des pensées de pitié à la vue des maux de toute nature qui sont venus fondre sur la France ? Ah! si les regrets, le dégoût et l'espoir sont des conspirateurs, il faut s'empresser d'élargir ou d'élever des prisons, car il est bien peu de gens qui ne pensent et ne disent ainsi.

D'autres personnages peut-être moins connus mais non moins honorables, ont aussi porté les fers du juste-milieu.

M. le comte de Floirac, préfet de la restauration, le Nestor de la légitimité, ce modèle de la fidélité, qui passa les douloureuses années que dura l'empire, dans les prisons d'état de Bonaparte, M. le baron de Rivière et M. le baron de Mestre, ne furent-ils pas enfermés pendant quatre mois, comme impliqués dans l'affaire de la rue des Prouvaires, sans qu'aucune charge pesât sur eux, ainsi que le prouve l'arrêt de la chambre d'accusation qui les a mis hors de cause?

M. Laurent de Saint-Julien n'a-t-il pas payé de sa vie, en mourant dans les fers, le crime d'avoir été suspect au juste-milieu?

M. de Conny, député et fidèle légitimiste, si célèbre dans l'affaire de l'église Saint-Germain-l'Auxerrois, ne fut-il pas aussi jeté plusieurs mois dans les cachots?

L'honorable M. de Kergolay, ex-pair de France, n'acheta-t-il pas, par six mois de condamnation à l'emprisonnement, la résolution courageuse d'avoir publié ses pensées et d'avoir exprimé toute l'indignation qu'il ressentait de voir le fils du *régicide* assis sur le trône des Bourbons? et n'est-il pas encore en ce moment dans les fers, sous le poids d'une accusation capitale?

Ce brave capitaine de la garde royale, M. Charbonnier de la Guesnerie, dont tout le crime est d'avoir cédé, avec le plus honorable abandon, à l'effusion de son cœur noble et généreux en soulageant des malheureux sous-officiers qui partageaient ses honorables opinions, méritait-il de subir deux années de prison?

Enfin, M. de Verneuil, ce médecin doué de tant de bienfaisance et d'humanité, aurait-il jamais dû passer six mois dans les cachots, et être deux fois traîné sur les bancs de la cour d'assises, où il fut acquitté, si la haine qu'inspira la franchise de ses opinions légitimistes ne l'eût poursuivi si activement.

Je ne terminerais pas si je devais faire ici l'énumération de toutes les victimes du *milieu*; je m'arrête là, et je reviens défendre MADAME contre les injures des républicains.

Il existe dans le monde une femme qui, à l'âge des plaisirs, et entourée de tous les prestiges qui peuvent embellir la vie, a sacrifié son bonheur, son repos, pour venir saluer d'un regard la terre où jadis elle vécut heureuse. Il existe dans le monde une veuve, dont l'époux assassiné a prié pour la France à ses derniers momens, a demandé *grâce pour l'homme* qui croyait d'un coup de poignard tarir, jusque dans sa source, le sang des Bourbons. Il existe dans le monde une mère qui, pleine de dévouement et d'héroïsme, s'élance au milieu des périls, affronte d'un œil tranquille les ruses des gagés du pouvoir, les fers du juste-milieu, les condamnations d'une commission militaire ou d'une cour d'assises pour rendre à son fils un héritage et une couronne, héritage de sang, couronne d'épines qui ne lui offrira pas, pour son bonheur particulier, la douce paix et le repos qu'il peut trouver au sein d'une famille adorée. Cette femme, cette veuve, cette mère, dont la vie encore si courte et pourtant si belle n'a été qu'un bienfait continuel, eh bien! vous tous qui l'avez connue, vous tous pauvres qu'elle nourrissait; savans, que son amour pour les arts et pour les sciences encourageait; Français de tout rang et de tout âge, qu'elle accueillait d'un sourire et d'un regard enivrant, la reconnaissez-vous aujourd'hui sous l'humble dénomination dont le juste-milieu cherche à la flétrir?

Hélas! pourquoi rappeler à la mère de Henri un titre que tant de souvenirs déchirans doivent sans cesse représenter à son cœur? Croyez-vous donc, sublimes patriotes, héroïques soutiens de l'ordre de choses actuel, croyez-vous qu'elle ait déjà oublié, cette épouse si malheureuse, que son mari est tombé sous les coups du libéralisme ? Son sang, le sang de cette noble victime, n'a-t-il pas couvert ses vêtemens et son sein ? N'est-ce pas elle qui a recueilli le dernier soupir du prince qui en quittant la vie demandait encore la grâce de son assassin? Et vous osez aujourd'hui, vous que la présence, que le nom seul de cette femme devrait couvrir d'une honte éternelle, vous osez, avec une impudence qu'aucune langue humaine ne peut qualifier, venir insulter au deuil de celle, que vos frères et vos amis ont rendue veuve.

Malheureux qu'ils sont tous, sans le vouloir peut-être, ils ont emprunté au dictionnaire de Fouquier-Thinville son mot de prédilection ; ils ont ressuscité l'indigne langage qu'un tribunal révolutionnaire employait! *La veuve Capet!* Ce mot atroce, cette amère dérision avait été inventée dans un moment de délire, dans une orgie de sang. C'était *Philippe d'Orléans*, c'était

Égalité qui, portant dans ses mains la tête de son roi, avait imposé à la reine de France, à la fille des Césars, ce titre qui du moins ne la déshonorait pas. Nous, qui nous croyons bien loin de ces scènes de désolation, pouvions-nous nous attendre à voir se renouveler ce détestable langage, qui rappelle à nos cœurs flétris par la douleur, et les victimes que nous pleurons et les bourreaux que nous exécrons? Ce mot horrible devait-il retentir aux oreilles de celui qui habite maintenant le palais des rois? Ses imprudens amis ne craignent donc pas de réveiller dans son âme des souvenirs mille fois plus cruels que tous les reproches que la langue la plus riche pourrait trouver? *La veuve Berri!* Comprenez-vous bien tout ce qu'il y a d'impitoyable, d'anti-français dans cette locution barbare dont les stipendiés du pouvoir se font un jeu? *La veuve Berri!* Mieux valait encore l'appeler cette mère, qui porte dans son faible corps, un cœur dont toute femme serait fière, mieux valait l'appeler *la noble aventurière, la folle de la Vendée.*

Sous ces dénominations triviales, on aurait vu

percer la haine, le mépris pour un courage que l'impartialité de l'histoire livrera à l'admiration des siècles. On aurait pu sourire de pitié, en voyant quelques nains montés sur les échasses d'une révolution avortée, vouloir en vain se guinder jusqu'au terrible despotisme de la Convention. La France n'aurait pas eu assez de sarcasmes pour flétrir de pareilles expressions; mais du moins, à côté du ridicule, on n'aurait pas trouvé l'odieux, et c'était déjà quelque chose; mais on ne l'a pas voulu. Non-seulement il a été de bonne guerre d'insulter l'auguste princesse, de l'insulter dans son courage, dans sa vertu, dans son cœur de mère; il a fallu encore l'inonder du sang de son époux. Des barbares, dépouillant tout sentiment de pudeur, ont essayé de sortir de la fange où ils croupissent pour s'abreuver des larmes de la *veuve*, et non contens de ces ignobles vociférations, ils l'ont poursuivie de leurs blasphèmes, et se sont parés de son deuil comme d'un trophée qu'ils auraient conquis sur les ennemis de la patrie.

Voilà ce qu'ils ont fait!....

On conçoit sans peine qu'un homme soit libéral; on peut encore concevoir qu'il y ait des gens assez injustes et assez déraisonnables pour porter une haine d'instinct à la vieille famille qui régna pendant huit siècles de gloire sur notre France; mais jamais nous ne pourrons comprendre qu'il y ait des êtres assez dégradés pour venir s'acharner sur la douleur et jouer avec ce qu'il y a de plus sacré sur la terre. Non, cette idée ne pénétrera pas dans notre cœur, parce qu'il sait respecter et honorer toutes les infortunes.

On a cru, sans doute, en rappelant à la France l'attentat du 13 février 1820, rendre la patrie solidaire d'un crime contre lequel ses larmes et sa douleur ont protesté; on a eu tort. Ceux qui avaient fait cet injurieux calcul n'ont pas voulu comprendre que la France s'indignerait d'une pareille supposition, et les insensés doivent voir à présent quelle est la solitude dans laquelle on les a laissés se débattre.

Et maintenant que toutes les bouches, que tous les cœurs n'ont pas assez de louanges pour célébrer ce dévouement maternel, cette abnégation de soi-même qui se précipite de gaieté de cœur dans une entreprise aventureuse pour assurer à un enfant l'héritage de ses aïeux; maintenant que la France entière applaudit à l'héroïsme de MADAME, cette *veuve Berri* qui, par son courage, a su arracher des éloges aux ennemis mêmes envoyés pour la poursuivre, est-elle encore pour vous une femme ordinaire?

Qu'importe, au reste, votre opinion sur la veuve que vos outrages honorent, sur cette mère que vos lâches calomnies cherchaient à flétrir? Cette aimable princesse est aujourd'hui et sera toujours pour nous la vertueuse épouse du martyr qu'un poignard libéral sacrifia à la haine, à la cupidité, à l'ambition; elle est, elle sera toujours pour la France, terre d'héroïsme et de dévouement, une femme incomparable, venant seule avec son courage et l'espérance, à l'approche des malheurs dont nous sommes menacés, conjurer les désastres qui, d'un jour à l'autre, peuvent fondre sur la patrie qui garde les cendres de son époux, et qui tressaillent de bonheur sur le berceau de son enfant.

Réjouissez-vous, hommes de sang, vos cris, vos haines, ont trouvé de l'écho auprès du pouvoir! Un magistrat vient de demander la tête de Madame, duchesse de Berri. Etes-vous contens? De grâce, ne poussez donc plus la mauvaise foi jusqu'à prétendre que cette malheureuse princesse est l'objet de la protection et de l'indulgence du gouvernement révolutionnaire, car l'acte dont la teneur suit viendrait vous confondre et mettre au grand jour ce nouveau mensonge.

RÉQUISITOIRE DU PROCUREUR GÉNÉRAL PRÈS LA COUR ROYALE D'AIX.

A Messieurs les Président et Conseillers composant la Chambre d'accusation de la Cour royale d'Aix.

Le procureur général près la Cour royale d'Aix expose ce qui suit :

« Par arrêt rendu le 6 août dernier par la Cour de céans, chambre d'accusation, il a été établi en point de fait que des pièces de la procédure instruite en vertu d'un arrêt d'évocation, il résulterait des indices suffisans qu'un complot a été formé dans le but soit de détruire, soit de changer le gouvernement ou l'ordre de successibilité au trône, soit d'exciter la guerre civile en portant les citoyens à s'armer les uns contre les autres; que la résolution d'agir a été concertée et arrêtée entre plusieurs personnes, dont les unes étaient en France, principalement à Marseille, les autres en Italie, où elles étaient en rapport direct avec la duchesse de Berri, qui habitait alors les états du duc de Modène; que ce complot a reçu de la part de ceux qui y participaient en Italie un commencement d'exécution, en ce que, ayant nolisé à Livourne le bateau le *Carlo-Alberto* pour la destination prétendue de Barcelone, et étant parti de ladite ville le 24 avril dernier au soir, il a été clandestinement embarqué dans la nuit suivante près de la plage de la Via-Reggio la duchesse de Berri, qui avait été inscrite à Livourne, sur les papiers de l'expédition, sous la fausse dénomivation de femme de chambre d'une prétendue Rose Stagliano, veuve Ferrari, inscrite aussi sur les papiers de l'expédition, et qui n'était autre que la demoiselle Mathilde Le Beschu, ancienne demoiselle d'atours de la duchesse de Berri.

« Il résulte encore dudit arrêt que la duchesse de Berri a clandestinement débarqué dans la nuit du 28 au 29 avril dernier, sur la côte occidentale de Marseille, à l'aide d'un bateau pêcheur qui guettait le passage du *Carlo-Alberto*.

« En quittant ce navire, la duchesse de Berri a laissé à bord, pour trace de sa présence, son testament et plusieurs pièces de vermeil à ses armes.

« C'est sur ces entrefaites que le complot tramé par cette princesse et ses adhérens, éclatait à Marseille, dans la matinée du 30 avril dernier, et que l'étendard de la sédition et de la révolte était arboré sur le clocher d'une église située sur un promontoire élevé au-dessus de la mer, et en face des bois du Carri.

« L'information a établi que c'est dans ces bois qu'une voiture, conduisant mystérieusement des personnages étrangers, a été aperçue errante à travers les champs, dans la matinée du 1ᵉʳ mai dernier, et parmi ces personnages se trouvait une femme voilée qui avait l'air triste et abattu, et que tout signale comme étant la duchesse de Berri elle-même.

« Par suite de cette information, arrêt d'accusation a été rendu d'autorité de la cour de céans, contre vingt-un des adhérens de ladite duchesse de Berri, comme auteurs ou complices desdits complot ou attentat, et acte d'accusation dressé par le soussigné contre les susdits adhérens.

« Plus tard, une procédure criminelle, instruite pardevant une autre cour du royaume, a judiciairement proclamé que ladite duchesse de Berri avait en effet traversé le midi de la France, après avoir débarqué sur les côtes de Provence, pour aller allumer dans l'Ouest les brandons de la guerre civile ; et cette cour (la cour royale de Poitiers) a décrété d'accusation ladite duchesse de Berri, comme le principal auteur des crimes et attentat dirigés contre le gouvernement du Roi et l'ordre de successibilité au trône, dans le ressort de ladite cour.

« En l'état de ces faits, il est hors de doute que la duchesse de Berri a participé au complot et à l'attentat qui ont éclaté à Marseille, le 30 avril dernier, et qu'elle en a été l'âme et le principe moteur.

« Des découvertes postérieures à l'arrêt rendu le 6 août dernier, par la cour de céans, faites à bord du *Carlo-Alberto*, constatent d'une autre manière le passage de cette princesse sur les côtes de Provence, et l'hostilité de ses projets.

« Ces découvertes sont établies par un procès-verbal rédigé par le procureur du roi de Marseille, à la date du 5 du présent mois. Ce procès-verbal et les pièces à l'appui sont déposés sur le bureau et placés sous les yeux de la cour.

« En résultat :

« Les tentatives de trouble et de guerre civile, qui ont été vaines à la fin du mois d'avril dernier, n'ont jamais été abandonnées dans cette partie méridionale de la France. C'est un crime qui continue à s'y commettre. Les ennemis du gouvernement, quelqu'impuissans qu'ils puissent être au milieu de nous, ne cessent de s'agiter ; le séjour des accusés, dans ce ressort, sert de prétexte à leur audace et les entretient dans leurs coupables projets.

« Le soussigné est informé que des correspondances suivies entre les factions de l'ouest, la duchesse de Berri et ses adhérens de Provence, sont loin de se ralentir; on assigne les jours de combat, de délivrance prochaine, d'attaque des prisons, et même l'apparition de la duchesse.

« Quelque jactance qu'il puisse y avoir dans cette conduite et ces propos, et quoiqu'une ordonnance de prise de corps soit déjà rendue par une autre cour, pour des crimes tentés ou consommés dans son ressort, décision qui ne peut désinvestir la cour de céans dans la poursuite des crimes tentés et consommés à Marseille, il est du devoir du ministère public de ce ressort de requérir la haute coopération de la cour pour imprimer à l'action judiciaire la force et la régularité que réclament des circonstances aussi graves.

« En cet état :

« Vu les faits ci-dessus relatés ;

« Vu l'arrêt du 7 mai dernier, par lequel la cour de céans a évoqué l'instruction de la procédure relative aux complot et attentat du 30 avril dernier, sus-mentionnés ;

« Vu l'arrêt du 6 août dernier, par lequel la cour de céans a décrété d'accusation les auteurs ou complices desdits complot et attentat ;

« Vu le procès-verbal dressé par le procureur du roi de Marseille, le 5 septembre courant, et les pièces de conviction nouvellement trouvées à bord du *Carlo-Alberto*, postérieurement au susdit arrêt d'accusation ;

« Attendu, en fait, qu'il n'est pas possible de résister à la conviction que la duchesse de Berri n'ait débarqué à Marseille peu d'instans avant qu'aient éclaté dans cette ville les complot et attentat sus-désignés ;

« Qu'elle n'y est débarquée que pour soutenir par sa présence et son nom les auteurs et complices de ces complot et attentat ;

« Qu'elle n'ait été, en un mot, l'auteur principal de ces crimes ;

« Qu'il est juste et rationnel de la poursuivre pour ces faits, comme ont été poursuivis ceux de ses adhérens déjà mis en accusation par la cour de céans, chambre d'accusation ;

« Que par son arrêt du 7 mai dernier, la cour de céans, en évoquant l'instruction relative à ces complot et attentat, s'est investie de l'obligation d'informer contre toute personne poursuivie pour faits se rattachant auxdits complot et attentat ;

« Que l'arrêt rendu par elle le 9 août dernier, n'a pu la désinvestir que relativement aux individus poursuivis devant elle à raison de ses crimes, et mis en accusation de son autorité ;

« Que ces attributions lui demeurent entières à l'égard de ceux contre lesquels il n'a été porté jusqu'à présent aucune poursuite ;

« Attendu que si, contre toute apparence, on pouvait supposer que la cour se trouvât désinvestie nonobstant la disposition générale de son évocation ;

« La nature et l'identité du crime imputé à la duchesse de Berri, la qualité de la personne poursuivie; la procédure déjà instruite, par la cour contre les auteurs des mêmes complot et attentat, faisaient un devoir au soussigné de requérir que la haute juridiction de la cour soit investie de l'instruction des crimes imputés à la duchesse de Berri;

« Déclare le soussigné porter plainte contre Marie-Caroline, duchesse de Berri.

« En conséquence, requiert,

« Par fins principales;

« Que la Cour lui donne acte de la plainte qu'il porte contre ladite duchesse de Berri, comme s'étant rendue coupable de participation à un complot qui a éclaté à Marseille le 30 avril dernier, et dont le but était, soit de détruire, soit de changer le gouvernement ou l'ordre de successibilité au trône; soit d'exciter à la guerre civile, en armant ou portant les citoyens à s'armer les uns contre les autres; lequel complot a été suivi d'un acte commis ou commencé pour en préparer l'exécution, et constitue le crime prévu par les articles 87, 89 et 91 du Code pénal.

« Et subsidiairement,

« Là, où la Cour se croirait désinvestie,

« Requiert que la Cour, évoquant de nouveau l'affaire, ordonne que l'instruction sera faite de son autorité par tel de Messieurs, qu'il lui plaira déléguer et commettre à cet effet, conformément aux articles 275 et suivans du Code d'instruction criminelle.

« Fait à Aix, au parquet de la Cour royale, le 27 septembre 1832.

« Le procureur-général, *Signé* BORELY. »

Admirez votre belle œuvre, Messieurs du *milieu!*

Oui, il était *juste*, il était *rationnel*, comme le dit le savant réquisitoire de M. Borély, de poursuivre Madame la duchesse de Berri; elle est si coupable !.....

Comment, elle ose venir en France sans autre troupe que quelques serviteurs zélés, sans autres armes que son courage et sa confiance en la fidélité de braves dévoués à la mort à la cause de son fils, elle a l'audace de fouler le sol français, dans le coupable dessein de remettre sur la tête de Henri V la couronne de ses pères ! Quel crime horrible !....

Cette téméraire princesse a la prétention de détrôner Louis-Philippe, ce roi si bon, si paternel, surtout si *populaire*, ce monarque qui a *si bien rempli toutes ses promesses*, qui rend ses peuples si *heureux*, et qui possède *toutes les sympathies !* Ah ! quelle perversité !....

La mort, oui la mort, doit expier un pareil forfait....

Eh bien ! juste-*milieu*, vous la lui préparez, cette mort; les réquisitoires sont la route des échafauds. Vous la condamnerez.... mais vous ne trouverez pas un seul Français qui veuille verser un sang si généreux, et vous serez forcés, si vous êtes si avides de voir couler ce noble sang de Marie-Thérèse, d'Henri IV, et de tant de célèbres aïeux, de descendre des fonctions de juges à celles de bourreaux, pour exécuter vous-mêmes votre cruelle sentence....

Maintenant, lâches calomniateurs, qui, au prix de l'or du Palais-Royal, avez osé soutenir que le duc de Bordeaux n'était pas l'enfant de la princesse, vous êtes confondus à la face de l'univers entier; votre turpitude est au grand jour.

— Quelle autre qu'une mère viendrait exposer mille fois sa vie aux hasards des combats, et braver le supplice, dans l'espoir de rendre la couronne à un enfant?

Oh! non, si le prétendant n'était qu'un roi de fraude et de fabrique, s'il n'était pas réellement le fils de la vertueuse Caroline de Berri, si le même sang ne coulait pas dans leurs veines, cette héroïque princesse n'aurait pas tout sacrifié, repos, bonheur et existence, pour placer la couronne de France sur la tête d'un étranger; le cœur d'une mère et l'amour le plus tendre pour son fils peuvent seul inspirer de pareilles résolutions, d'aussi grandes actions; et la présence de la princesse dans le midi et dans l'ouest, et les poursuites criminelles dont elle est l'objet, seront désormais pour l'histoire et pour les personnes sages et sans prévention, un arrêt de légitimité en faveur du duc de Bordeaux.

Espérons donc que la Providence, couronnant

tant de miraculeux efforts par un acte de sa divine justice, fera triompher l'innocence et le bon droit, qu'elle protégera la veuve et l'orphelin, et que, nous ralliant autour du blanc panache, bientôt nous pourrons, ivres de joie, nous écrier avec l'accent du cœur et de la conviction :

Vive le Roi! Vive Henri V!

FIN.

TABLE

DES MATIÈRES.

CHAPITRE I.

	Pages.
PRÉFACE	v
La vie des grands dévolue à l'histoire	3
Intrigues des traîtres et des courtisans	5
MADAME, duchesse de Berri, faussement accusée.	8
Sa jeunesse	9
Son arrivée en France	14
Son mariage	16

CHAPITRE II.

La volonté divine accomplie.................. 23
Assassinat de Mgr. le duc de Berri............ 28
Ses paroles, celles de son auguste épouse...... 31
Sa mort..................................... 38
Son cœur porté à Rosny...................... 42

CHAPITRE III.

Calomnie et faux bruits méchamment semés dans le public............................... 48
Protestation au nom du duc d'Orléans, sur la légitimité du duc de Bordeaux............... 50
Naissance de S. A. R. Mgr. le duc de Bordeaux. 57
Détail de toutes les circonstances de cet heureux événement................................. 58

CHAPITRE IV.

Baptême de S. A. R. Mgr. le duc de Bordeaux. 37

Tentative criminelle contre MADAME, duchesse de Berri.................................. 82

Sa demande en grâce des deux coupables..... 84

Réfutation de calomnies contre les Bourbons.. 86

CHAPITRE
V.

Preuve des vertus que possèdent les Bourbons de la branche aînée.......................... 91

Madame la duchesse de Berri se charge de l'enfant d'une pauvre femme....................... 92

S. A. R. obtient la grâce d'un condamné, et lui accorde un secours en argent................. 93

La princesse visite l'institution des Jeunes-Aveugles, la forge de Pont-aux-Saulx, le Jardin-du-Roi et la Salpétrière........................ 94

Fondation de l'hospice de Rosni............. 101

Cénotaphe où est déposé le cœur de S. A. R. le duc de Berri................................ 102

MADAME, duchesse de Berri, assiste aux conférences de M. l'abbé Freyssinous.............. 103

S. A. R. visite l'infirmerie Marie-Thérèse..... 104

Pages

CHAPITRE VI.

Les factieux conspirent contre le trône de Charles X.. 109
Nécessité des ordonnances de 25 juillet....... 110
Les Parisiens combattent contre les troupes du Roi... 112
Ils arborent le drapeau tricolore après s'être rendus maîtres de l'Hôtel-de-Ville................ 113
Ordre du jour à l'armée, par S. A. R. Mgr. le Dauphin................................... 123

CHAPITRE VII.

L'abdication en faveur de Mgr. le duc de Bordeaux restée sans suites par la trahison......... 129
Madame veut présenter son fils au peuple...... 130
Le Roi s'y oppose........................... 131
Voyage à Cherbourg......................... 131
Embarquement pour l'Angleterre............. 132

	Pages
Sentimens de MADAME......................	133
Ses entretiens avec M. de ***...............	134
Rêve de S. A. R. le duc de Bordeaux.........	135
Heureuse répartie de ce prince..............	135
Conversation avec sa mère...................	136
Visite à un républicain......................	138
MADAME le convertit........................	140
Mot spirituel de MADEMOISELLE sur son frère...	142
Opinion favorable de MADAME sur M. de Châteaubriand...................................	144

CHAPITRE VIII.

Calomnies dirigées en France contre MADAME...	149
Réfutation	150
MADAME a engagé le duc de Bourbon à faire d'un des princes d'Orléans, son héritier.........	154
S. A. R. n'emploie que des étoffes de fabrique française....................................	156
On fait proposer des millions à la famille royale pour acheter la renonciation de Henri V........	157
Cette offre excite la plus affreuse indignation....	159

Arrivée de deux députés de l'ouest et du midi qui apportent la constitution, sur l'acceptation de laquelle Henri V doit être proclamé roi.......... 160

On décide qu'Henri V ne viendra en France que lorsque la moitié de la population se serait prononcée en sa faveur....................... 164

L'Angleterre semble intervenir et s'opposer au départ du jeune prince...................... 165

On fait espérer aux députés que Madame se rendra bientôt dans le midi................... 165

CHAPITRE IX.

Madame est résolue de placer la couronne sur la tête de son fils............................ 173

Si on lui conteste la régence, elle en référera à la nation.................................. 175

Elle regrette de ne pas s'être présentée avec son fils aux Parisiens, sans soldats et sans escorte.. 176

Plaisanterie de Madame sur les courtisans...... 177

Des officiers fidèles viennent proposer de faire proclamer Henri V........................... 178

Sages réflexions de S. A. R. 179

	Pages
Conseil de famille..........................	181
On décide qu'on n'ira pas en France..........	181
Madame la Dauphine est d'un sentiment contraire.................................	181
Réprimande sévère et pleine de noblesse de Madame à un personnage de distinction qui vient la voir incognito.............................	183
Lettres du duc de Bordeaux et de Mademoiselle.	184
Mort du roi de Naples......................	189
Sa lettre au sujet de Louis-Philippe..........	190

CHAPITRE X.

Douleur que cause à Madame la mort de son père.	193
Arrivée de M. de Bourmont...................	194
Réponse de Madame, de Charles X et de Madame la Dauphine à la proposition qui leur fut faite de faire couronner Henri V roi de France, si on consentait à abandonner Alger aux Anglais......	195
Renseignemens favorables donnés par M. de Bourmont sur les dispositions de l'Espagne......	196
Lettre contenant des détails curieux sur la cour	

	Pages
de Louis-Philippe	197

Calomnie de M. Bricqueville à l'occasion de la naissance de S. A. R. Mgr. le duc de Bordeaux... 201

Réponse de M. Deneux............ 201

Arrivée de MM. de Cadoudal............ 203

On leur fait une très bonne réception........ 203

Lettre d'un prince du Nord à Madame, sur les dispositions des puissances alliées............ 205

Madame refuse des secours étrangers......... 209

CHAPITRE XI.

Grand travail fait à Holy-Rood pour organiser un mouvement général en France............ 215

Charles X circonvenu par le cabinet anglais ajourne à un temps plus reculé l'exécution des projets concertés............ 219

Madame insiste pour une prompte exécution.... 220

Les conseillers se déclarent contre l'opportunité de l'exécution............ 220

Madame va prendre les eaux de Bath et consent, sur ses vives instances, à emmener avec elle, sous

Pages

le déguisement de valet-de-chambre, M. de ***
dont la fidélité lui est connue...................... 221

M. de *** va prendre congé de Henri V et de
Charles X... 223

Paroles mémorables du jeune prince et de son
aïeul.. 224

Le cabinet anglais instruit des projets de Madame, lui envoie un diplomate habile, M. B..... 226

Conversation pleine d'intérêt entre la princesse
et un envoyé... 227

Réflexions pénibles que fait faire à Madame
cette entrevue... 233

CHAPITRE XII.

M. de *** est envoyé en mission par Madame
auprès de LL. MM. le roi et la reine d'Espagne... 237
Bon accueil... 238
Madame se rend en Suisse et en Provence....... 242
Ses paroles aux soldats suisses..................... 242
Prétendue tentative d'assassinat sur le duc de
Bordeaux... 243
Madame se plaint de sa faute commise par la

Quotidienne, en publiant cette fausse nouvelle... 245

M. de *** se rend à Nice pour rejoindre MA-
DAME.. 245

Il parcourt tout le Midi, et s'assure du dévouement de ces provinces.............................. 246

Il est prévenu à temps............................. 246

Il se soustrait à une arrestation ordonnée...... 247

Son arrivée auprès de MADAME.................... 248

Discours de S. A. R................................. 251

Elle accueille les guides de M. de ***, et leur
adresse une allocution............................. 252

CHAPITRE

XIII.

Projets divers de MADAME pour élever son fils
au trône.. 257

Des obstacles s'opposent à leur exécution...... 258

Le mécontentement de tous les partis contre le
gouvernement de Louis-Philippe peut être favorable à Henri V..................................... 259

La contre-révolution est plus difficile à opérer
que la révolution................................... 260

Pages

Plusieurs hommes de juillet dévoués à la légitimité. 261
Bonnes institutions que Madame donnait au peuple.. 262
La condition de la légitimité est essentielle à la monarchie. 263
Madame est dans l'intention de visiter la Vendée. 264
Nécessité d'organiser l'armée royale de l'Ouest. 266
Courage des Vendéens..................... 268

CHAPITRE

XIV.

Sympathie de la France pour Madame.......... 272
Elle envoie douze mille francs pour soulager les malheureux atteints du choléra-morbus......... 274
Le gouvernement s'oppose à ce que son don soit reçu................................... 275
Ce refus est injuste et cruel en ce qu'il prive les malheureux d'un bienfait dans lequel il est ridicule de chercher une vue politique................. 275
On incrimine M. de Châteaubriand........... 278
La peur a pu seule motiver le refus du minis-

	Pages
tère...	278
Bruits divers sur le bâtiment le *Carlo-Alberto*.	280
Violation du droit des gens...................	282
Conséquences qu'elle pourrait avoir...........	284

CHAPITRE XV.

Bienfaisance et intrépidité de Madame........	290
Résultat moral des évènemens du 30 avril.....	293
Peur et faiblesse du *juste-milieu*............	295
S. A. R. est dans l'Ouest....................	300
Investissement du château de M. de l'Aubépin.	300
Lettres originales de Madame............e.	302
Ordres de l'armée vendéenne................	305
La prise d'armes qui devait avoir lieu le 24 mai, est ajournée.................................	306
Douleur que ce contre-ordre cause aux Vendéens.......................................	306

CHAPITRE XVI.

Madame n'était pas à bord du *Carlo-Alberto*

	Pages
quand il fut arrêté........................	311
Mademoiselle Le Beschu ramenée d'Ajaccio à Marseille, est bien la même que celle conduite de Toulon à Ajaccio............................	312
Protestation de M. le vicomte de Saint-Priest contre la violation du droit des gens............	314
Le *Carlo-Alberto* ne contenait rien qui pût le faire considérer comme suspect................	319
Supposition absurde des républicains.........	320
Mensonges et calomnies insérées dans leurs feuilles...................................	321
Arrêt de la cour de cassation qui déclare le *Carlo-Alberto* en état actuel d'hostilité contre la France, et renvoie le subrécargue et les passagers devant la chambre des mises en accusation de Lyon.....................................	322
Réflexions contre cet arrêt...................	327

CHAPITRE XVII.

Manière de vivre des gentilshommes vendéens.	332
Leur simplicité.............................	332

	Pages
Leur bonté envers les bourgeois et les paysans.	333
Ceux-ci les défendirent contre les persécutions qu'on leur fit éprouver dans la révolution de 1789.	337
Nomenclature de tous les généraux en chef, officiers-généraux, commandans et autres officiers vendéens et chouans, qui ont fait les campagnes de 1793, 1794, 1795, 1796, 1799 et 1815.	337

CHAPITRE

XVIII.

Énumération des hommes fournis par la Vendée, et des forces qui y ont été envoyées.	364
Ressources qu'offre ce pays.	365
Les Vendéens et les chouans sont légitimistes par conviction.	370
MADAME dans l'Ouest.	371
S. A. R. triomphera, et la cause de son fils est à jamais gagnée.	372
Calomnie des *républicains* contre les *légitimistes*.	373

Ceux-ci sont bien loin d'être protégés par le

	Pages
pouvoir, comme le prétendent ceux-là..........	373
L'autorité a tout fait pour que MADAME fût arrêtée...	375
Les *Vendéens* et les *chouans* sont calomniés...	382
Preuves de leur bravoure et de leur loyauté....	383

CHAPITRE XIX.

Siége du château de la Pénicière.............	387
Valeur et intrépidité des Vendéens...........	388
Cinquante-trois hommes se défendent contre six cents soldats et un fort détachement de gardes nationaux.................................	388
Incendie du château.......................	389
Les Vendéens vainqueurs, restent maîtres de la place, et les troupes sont forcées d'opérer leur retraite.....................................	390
Cause des troubles de l'Ouest attribuée au pouvoir.......................................	392
Les républicains se servent du prétexte de ces troubles pour méditer un mouvement opposé....	392

Persécutions, mesures iniques et crimes commis

	Pages
dans la Vendée, par les ordres du pouvoir.......	401
Illégalité de tous ces actes...................	405
Poursuites à diriger contre les autorités........	415
Invocation aux Vendéens.....................	417

CHAPITRE XX.

Le *juste-milieu* est engagé dans la route de l'arbitraire...............................	421
L'arrestation de MM. de Châteaubriand, Hyde-de-Neuville, Fitz-James, duc de Bellune et Berryer est délibérée en conseil des ministres........	422
Funeste conséquence de ce faux pas..........	423
MM. de Floirac, de Mestre, de Rivière, Laurent de Saint-Julien, de Cony, de Kergorlay, Charbonnier de la Guesnerie et de Verneuil, victimes du *juste-milieu*................................	424
Indigne qualification donnée à MADAME par les *républicains*................................	429
Ils l'appellent la *veuve Berri*...............	429
Réfutation de leurs calomnies................	429

Réquisitoire du procureur-général près la cour

	Pages
royale d'Aix, contre Madame..................	433
Réflexions sur ce réquisitoire...............	442
La preuve de la légitimité du duc de Bordeaux est acquise par les actions héroïques de sa mère...	444
Espoir des royalistes de voir bientôt Henri V sur le trône de ses pères.....................	445

FIN DE LA TABLE DES MATIÈRES.

www.ingramcontent.com/pod-product-compliance
Lightning Source LLC
Chambersburg PA
CBHW050235230426
43664CB00012B/1706